广州地铁建设工程
安全文明施工标准化图册

（第二版）

广州地铁集团有限公司
广州地铁设计研究院有限公司　编著

暨南大学出版社
JINAN UNIVERSITY PRESS

中国·广州

图书在版编目（CIP）数据

广州地铁建设工程安全文明施工标准化图册/广州地铁集团有限公司，广州地铁设计研究院有限公司编著. —2版. —广州：暨南大学出版社，2016. 10

ISBN 978-7-5668-1910-9

Ⅰ. ①广⋯　Ⅱ. ①广⋯　②广⋯　Ⅲ. ①地下铁道—铁路工程—工程施工—广州—图集　Ⅳ. ①U231-64

中国版本图书馆CIP数据核字（2016）第190540号

广州地铁建设工程安全文明施工标准化图册（第二版）
GUANGZHOU DITIE JIANSHE GONGCHENG ANQUAN WENMING SHIGONG BIAOZHUNHUA TUCE（DI ER BAN）

编著者：广州地铁集团有限公司　广州地铁设计研究院有限公司

出　版　人：徐义雄
责任编辑：古碧卡　姚晓莉
责任校对：刘雨婷
责任印制：汤慧君　周一丹

出版发行：暨南大学出版社
电　　话：总编室（8620）85221601
　　　　　营销部（8620）85225284　85228291　85228292（邮购）
传　　真：（8620）85221583（办公室）　85223774（营销部）
网　　址：http://www.jnupress.com　http://press.jnu.edu.cn
排　　版：广州市科普电脑印务部
印　　刷：深圳市新联美术印刷有限公司
开　　本：889mm×1194mm　1/16
印　　张：7.75
字　　数：166千
版　　次：2016年10月第1版
印　　次：2016年10月第1次
定　　价：60.00元

（暨大版图书如有印装质量问题，请与出版社总编室联系调换）

指导和编审委员会

顾　　问：竺维彬　张志良

主　　审：陈乔松　汪良旗　仇培云

主　　编：林锐深　刘晓龙

参编人员：何　剑　夏　磊　陈嘉诚　姚栋彬　陈　海

摄　　影：麦伟樑

编制说明

　　为进一步规范广州地铁建设工程施工现场安全文明施工标准化管理，深入开展施工现场安全文明施工标准化工作，2010年，广州地铁编制了《广州地铁建设工程安全文明施工标准化图册》（以下简称《图册》）。随着社会的发展和自身管理的提升，我们对《图册》开展了修订工作。

　　修订后的《图册》有利于促进地铁建设工程安全文明施工管理水平的提高，树立地铁良好形象，更好地适应地铁建设工程安全文明施工管理的需要。

　　在编制过程中，我们结合广州地铁建设工程多年来的管理经验，以及国内其他城市同行的先进措施，多次征求总部各相关部门和领导的意见，经过反复修改，形成本书。

　　本书适用范围为广州地铁新线建设工程，所列标准仅为基本要求，各单位在执行过程中，应不限于本书所列要求，要在此基础上结合本企业形象和安全文明施工标准以及工地实际情况推陈出新，力求精益求精。

　　本书中未涵盖的内容，应依据有关法律法规、规范标准来执行。

目　录

第一章　办公区、生活区标准化建设

一、整体布置

办公区、生活区建设应以人为本，配备种类齐全的各类生活办公设施及简易体育设施，使员工有良好的日常办公生活环境，为施工生产提供良好的后勤基础保障，规避员工因日常生活（住宿、饮食、休息等）或精神状态不良而在施工现场出现"三违"行为，产生不安全情况。

（1）办公区、生活区应满足《建设工程施工现场消防安全技术规范》《施工现场临时建筑物技术规范》《广州市建设工程施工现场消防安全管理规定》《广州市建设工程文明施工管理规定》的要求。

（2）临时建筑选址应合理，不应建造在易发生滑坡、坍塌、泥石流、山洪等危险地段和低洼积水区域，应避开水源保护区、水库泄洪区、濒险水库下游地段、强风口和危房影响范围。

（3）当临时建筑建造在河沟、高边坡、深基坑边时，应采取结构加强等措施。

（4）临时建筑应避免有害气体、强噪声等对使用人员的影响。

（5）办公区、生活区场地不得占压原有地下管线，与外电架空线路之间要保持足够的安全距离，禁止布置在高压线正下方。

（6）办公区、生活区的布置宜遵循"简洁、大方、科学、合理，满足日常办公生活和生产需要"的原则，根据建设单位要求及单位企业文化的实际情况确定。

（7）办公区、生活区的布置形式宜采用"U"形或"L"形。

（8）活动板房顶篷可采用红色或蓝色彩钢板；墙壁和门采用白色彩钢板；支撑柱采用红色或蓝色（与顶棚颜色匹配）钢柱。

（9）办公区、生活区活动板房应用符合《建设工程施工现场消防安全技术规范》规定的A级燃烧性能的材料搭建，建筑层数不宜大于2层，总高度不宜大于6.5 m，房间纵深跨度应满足荷载验算要求。

（10）办公区、生活区、施工区应根据功能性质分区设置，且应采取明显隔离措施，并应设置导向、警示、宣传等标识。

（11）临时设施尽量布设在建筑物坠落半径和塔吊的机械作业半径之外，当条件不能满足要求时，应采取可靠的防护措施。

（12）办公区、生活区临时设施应采取防御台风、暴雨、雷电等自然灾害的措施，保证驻地临时设施的稳固性。

（13）临时设施应考虑建设全周期、全过程，以满足施工各阶段的安全距离。

（14）驻地临时设施搭设完成后，施工总承包单位（使用单位）应组织临建设施的安装施工单位、监理单位进行检查验收，验收通过后方可投入使用。

（1）

（2）

（3）

图1-1　办公区、生活区整体布置效果图

二、项目部大门

（1）驻地大门总体式样应按照各施工企业标准规范进行施作。

（2）驻地大门宜设置电动伸缩门。

（3）驻地大门内应设置门卫室，门外应设置"进出人员请登记"等相关标识牌。

（4）大门外一侧应设置企业名称牌及项目部名称牌。

（1）

（2）

图1-2　项目部大门

三、门卫值班室

（1）

（2）

图1-3 门卫值班室

说明：

　　大门内侧设置一个值班室，采用彩钢夹芯板或砖搭建，岗亭室内面积不少于6m²，应配备空调等设施。岗亭内张贴警卫人员岗位职责牌，门外放置"进出人员请登记"等相关标识牌。

四、项目部活动板房

（1）

（2）

（3）

图1-4　项目部活动板房

说明：

（1）活动板房不宜大于2层，总高度不宜大于6.5m，所用材料的阻燃等级必须达到A级，各楼层均应设置3kg灭火器，设置在二层以上的灭火器须固定以防止跌落。

（2）每层建筑面积大于200m²时，应设置至少2部疏散楼梯，房间疏散门至疏散楼梯的最大距离不应大于25m。

（3）活动板房的电气设计、安装应符合国家现行相关标准的要求。电气线路应采用阻燃型PVC电工管或槽板明敷，穿墙处和拐角处必须用电工管或阻燃腊管包裹加强，禁止使用绝缘层老化、破损的导线，并且禁止使用接长的导线。

（4）活动板房的设计和搭建应考虑防雷接地，采取防御台风、暴雨、雷电等自然灾害的措施。

（5）活动板房的地面应具有防水、防潮、防虫等功能，且应高出室外地面至少150mm，周边应排水通畅，无积水，不堆放杂物。

五、施工围蔽（含勘察工程）

（一）施工工期半年以上围蔽标准（砖墙）

（1）砖墙

（2）钢围蔽

图1-5 施工工期半年以上围蔽

说明：

（1）采用连续、封闭围墙搭设，墙体采用18cm厚砖墙砌筑，鼓励使用回收循环利用的建筑废料等制作的砌筑材料，如再生骨料制作的免烧砖等。

（2）围墙高度不得低于2.5m，应砌筑墙脚和墙柱，墙脚高度不得低于50cm；墙脚和墙柱外侧粘贴瓷砖，并设置琉璃瓦压顶，颜色为地铁标准红色（PANTONE RED 032C）；墙柱之间距离不超过3m；每隔6m在柱帽顶安装圆形节能灯具，电压应低于36V，并采取措施保证用电安全；外墙面批荡抹光，并做美化处理。

（3）推广采用装配式、定型化、标准化的施工围蔽，如钢板、高强度塑料钢板等。

（二）施工工期半年以下15日以上围蔽标准

图1-6　施工工期半年以下15日以上围蔽

说明：

（1）采用轻型钢架铝扣板（压型板）或装配式双面彩钢夹芯板。

（2）围板高度不得低于2.5m，围板用角钢支撑，并通过C型钢柱与地面固结；钢柱间距不大于3.3m，围板柱顶应设置造型，每隔一根立柱须在柱顶安装圆形节能灯具，电压应低于36V，并采取措施保证用电安全；各单元四边须加固压边。

（3）围蔽脚线统一采用砖砌20cm高、18cm厚砖墙，防止淤泥杂物泄出围板外。

（4）支柱、支座、弧形彩色压型钢板的连接必须牢固、安全、可靠，围板颜色应一致。

（三）施工工期15日以下围蔽标准

密扣式钢围栏（铁马）

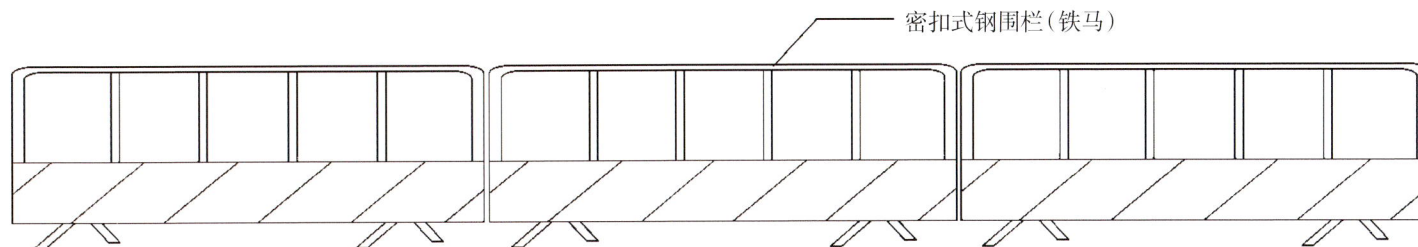

（1）示意图

（2）效果图

说明：

（1）适用范围：全市道路挖掘、道路养护维修以及临时道边施工等短期或临时工程。

（2）形式要求：应采用标准密扣式钢围栏（铁马），密排整齐，相邻单元间应扣接。

（3）破损或污染的标准密扣式钢围栏（铁马）应及时更换，以保持围蔽整洁。

图1-7　施工工期15日以下临时工程围蔽

（四）临近机动车道施工围蔽标准

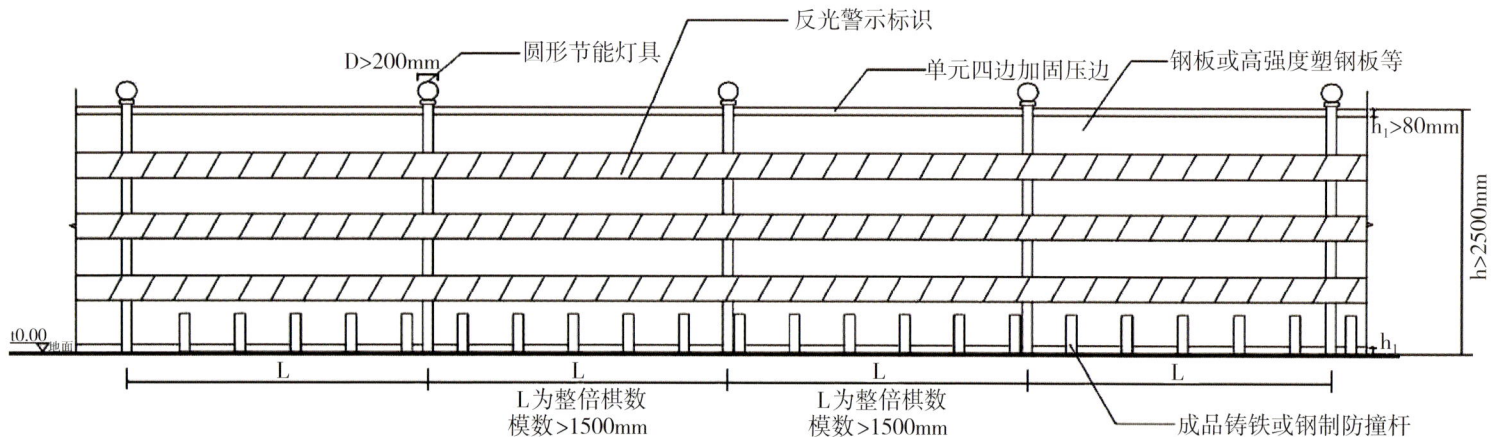

图注标签：
- 反光警示标识
- 圆形节能灯具　D>200mm
- 单元四边加固压边
- 钢板或高强度塑钢板等
- h₁>80mm
- h>2500mm
- ±0.00 地面
- L为整倍棋数 模数>1500mm
- L为整倍棋数 模数>1500mm
- 成品铸铁或钢制防撞杆

（1）示意图

（2）效果图

图1-8　临近机动车道施工围蔽

说明：

　　对于临近机动车道的围蔽，应设置成品铸铁或钢制防撞杆，并按相关交通管理规定及相关标准设置夜间反光警示标识。

（五）户外广告要求

（1）户外广告的内容应健康、积极、文明，公益广告面积不得低于工地围墙户外广告总面积的70%，商业广告应与公益广告分开设置，且商业广告的主要色彩、图案应与公益广告色调相协调。

（2）施工围蔽的户外广告应根据整洁状态定期清理维护，确保喷绘画面完好整洁。

（3）实体围墙的户外广告外表面距离墙面不得大于0.2m，高度不得超出围墙高度，宽度不得大于围墙柱墩（包括柱墩在内侧的情形）之间的墙面宽度，底边不得超过墙脚边线。同一路段的围墙户外广告应统一位置、尺寸和间距。

（4）户外广告可采用电脑喷绘布、PVC、PET、聚乙烯等材料。

（5）广告与墙体的连接应确保可靠、牢固、安全，制作应精良，粘贴应平整，连接构件不得裸露。

（6）广告的色彩、图案等应与周边环境相协调，为了让广告体现其价值，建议采用对比明显的配色；与交通标识相近的广告不得使用与交通标识易混淆的图案、文字或者色彩。

（7）围墙户外广告在保证安全、美观的前提下可以设置灯光照明，灯光设置需符合相关规范要求。

图1-9　围墙户外公益广告

(六)占道施工概况牌

(1)适用工程:所有城市道路临时占用挖掘围蔽施工。

(2)使用位置:占道施工围蔽范围两端及施工现场进出的显著位置。

(3)告示牌材料:有机玻璃。

(4)技术要求:围蔽板使用A1大小的工程概况牌,高水马使用A2大小的工程概况牌,铁马使用A3大小的工程概况牌,工程概况牌要求白底蓝字。

占道施工概况牌

工程名称		施工单位	
建设单位			
建设单位项目责任人		施工单位现场责任人	
项目责任人联系电话		现场责任人联系电话	
设计单位		质监单位	
监理单位		安监单位	
占用挖掘路段			
占用道路面积		挖掘道路面积	
占道挖掘许可证号			
批准占用挖掘时间		投诉电话	12345

(1)工程概况牌大样图(A3)1:5

占道施工概况牌

工程名称		施工单位	
建设单位			
建设单位项目责任人		施工单位现场责任人	
项目责任人联系电话		现场责任人联系电话	
设计单位		质监单位	
监理单位		安监单位	
占用挖掘路段			
占用道路面积		挖掘道路面积	
占道挖掘许可证号			
批准占用挖掘时间		投诉电话	12345

(2)工程概况牌大样图(A2)1:5

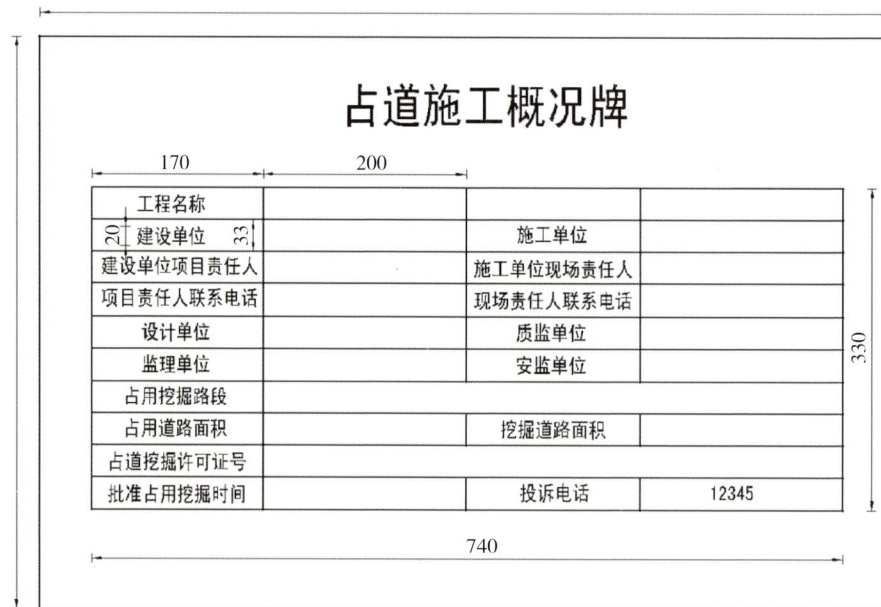

占道施工概况牌

工程名称		施工单位	
建设单位			
建设单位项目责任人		施工单位现场责任人	
项目责任人联系电话		现场责任人联系电话	
设计单位		质监单位	
监理单位		安监单位	
占用挖掘路段			
占用道路面积		挖掘道路面积	
占道挖掘许可证号			
批准占用挖掘时间		投诉电话	12345

(3)工程概况牌大样图(A1)1:5

图1-10 占道施工概况牌

六、项目部场地硬化及绿化

（1）

（2）

图1-11　项目部场地硬化及绿化

说明：

（1）办公区、生活区应全部绿化或硬化，禁止出现裸露土体。

（2）花坛总体设计宜根据项目部自身情况而定，一般在旗台两侧、办公室前后、生活区周边等地设置花坛，且花坛位置不影响交通。

（3）花坛内植被宜选用四季常青植物。

七、会议室

（1）

（2）

图1-12　会议室

说明：

（1）会议室面积应不小于100㎡，采用瓷砖地板。

（2）会议室需配备会议桌1张，靠椅不少于20张，后排设置不少于20张备用折叠式靠椅，设置1台投影仪及6组电脑插座等。

（3）会议室应张贴以下图牌（包括但不限）：工程概况、项目部组织机构、项目质量安全管理目标、安全生产组织架构、消防安全组织架构、主要管理人员任命书、现场平面布置图、项目施工总进度计划、形象进度图、盾构区间总平面图、地质断面图等。

（4）会议室必须张贴重大风险源公示牌。

图1-13　重大风险源公示牌

八、资料室

（1）

（2）

图 1-14　资料室

说明：

（1）资料室宜按照实际需要布设。

（2）资料室内需配置资料柜、资料翻阅平台和资料员办公设施。

（3）资料室可与项目部图书阅览室合用，宜设置在首层。

（4）资料室墙面需张贴资料管理规定及图书借阅制度等。

九、宿舍

（1）每间宿舍不超过8人，每人配置一个生活柜，各宿舍必须设置可开启式窗户，一个铺位铺放一床凉席，宿舍内要有降温通风设备。

（2）宿舍内不允许有工具材料，其他物品和生活用品尽可能用纸箱（或袋子）装起来，整齐地摆放在不睡人的铺位上或床下，床下要尽可能少放东西和堆放纸箱。

（3）宿舍内配备鞋架，统一摆放，家具要尽可能少，保证通道宽度不小于0.9m。

（4）室内供电均采用单相带保护零线的三线穿管敷设；插座和开关下底距地面1.5m；两孔插座的插孔须带保护滑门，加装电流限流器；或采用不大于36V电压；或采用USB接口；严禁使用大功率设备或明火及抽烟，严禁将电器放在床上充电或将移动插座放在床上，以防过热或电火花引发火灾；根据施工现场消防安全管理规定配置足够的消防器材。

（5）宿舍内张贴人员名单、卫生管理制度、卫生值班安排。

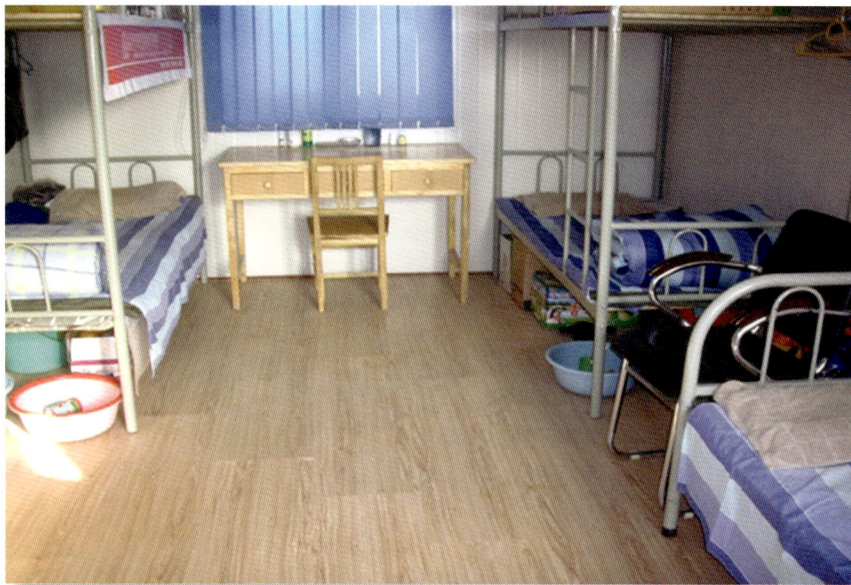

（1）

（2）

图1-15　宿舍

十、食堂

（1）食堂包括操作间、储物室、生熟间及员工餐厅、小餐厅。

（2）操作间需配置如下设施：纱门、纱窗、排气扇、灶台、加工平台、作料平台、冷藏设施、洗菜池、消毒池、隔油池及空调等，操作间门扇下面应设置不低于0.2m的防鼠挡板，操作间内张贴餐饮服务许可证及厨师健康证等。

（3）储物室内需设置食品存放架，生、熟食物需隔离放置，储物室门扇下面应设置不低于0.2m的防鼠挡板，食物存放架应距墙面和地面不低于0.2m。

（4）食堂食物每日留样，并做好留样记录。

（5）食堂燃气设置单独存放间，存放间设置在食堂外面，且通风情况良好，并按规定配备消防器材。

（6）员工餐厅的餐桌应按照就餐人员数量而定，另设置空调、餐具消毒柜及紫外线灭蝇灯等，餐厅墙面应张贴就餐管理制度及食堂卫生管理制度等。

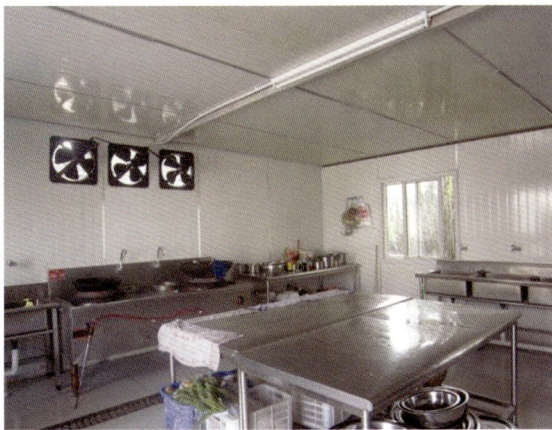

（1）

（2）

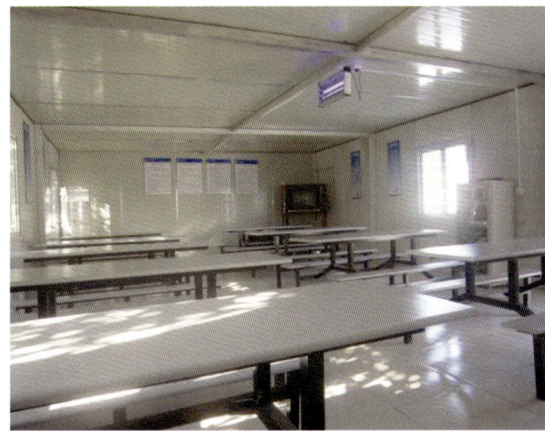

（3）

图1-16 食堂

十一、盥洗室

（1）盥洗室内需根据项目部人员数量设置节水水龙头的个数。

（2）盥洗室内需设置开水器及洗衣机。

（3）盥洗室地面应做好排水措施并铺设防滑垫。

（1）

（2）

图1-17　盥洗室

十二、厕所

（1）施工单位进场后必须建造厕所，在场地有限的情况下，应设置标准的活动厕所，厕所的建造应避开食堂和办公地点，必须做到方便、卫生、文明。

（2）厕所必须结构牢固、通风明亮。厕所内便池必须贴瓷砖。活动厕所应采用标准、规范的产品，厕所内需张贴卫生管理制度等。

（3）男厕所小便池的上方应布置管道喷淋装置、卫生球及驱臭香，定期喷洒药水，喷洒药水要有记录。大便池必须设置化粪池，并加盖，定期喷药，严禁将粪便排入河道。

（1）

（2）

图1-18　厕所

十三、浴室

（1）浴室必须结构牢固、通风，有下水沟槽，浴室内的用电、取暖设备应有漏电保护措施。

（2）浴室地面应铺设防滑地砖，室内有排水、排气设施。照明器具采用防水灯头、防水开关，并设置漏电保护装置。

（3）浴室按施工人数设置足够的淋浴喷头，应使用节水喷头。

（4）浴室应有专人管理并定时冲刷。

（1）

（2）

图1-19　浴室

十四、晾衣架

（1）晾衣架设置于生活区，晾衣架上方可设置透明防雨棚。

（2）晾衣架的制作可根据项目部自身特色而定，不限式样。

（3）晾衣架宜采用不锈钢管制作。

（1）

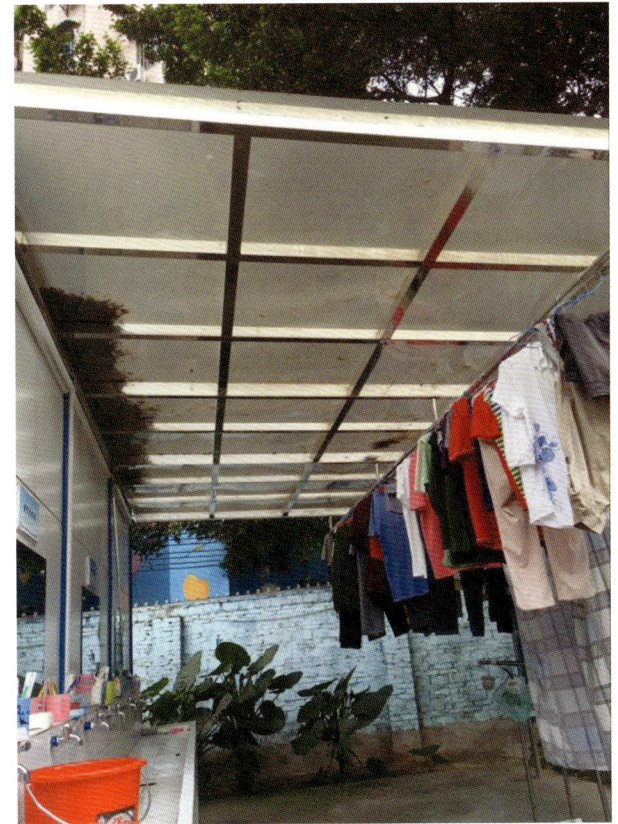

（2）

图1-20 晾衣架

十五、机动车停车场

（1）

（2）

图1-21　机动车停车场

说明：

（1）停车场选址应根据项目部自身规划而定，总体上不得影响驻地交通。

（2）办公区应规划停车位，方便来访车辆停放。

（3）停车位宜选用平行式或斜列示两种式样。

（4）停车场宜采用植草砖铺设，用彩色线条分割成停车位，植草砖空隙处种植草籽。

十六、非机动车停车棚

（1）非机动车停车棚一侧可利用现有墙壁。

（2）结构必须确保安全，顶棚采用采光板，并采取防台风措施。

（3）棚内设置充足、规范的防水充电插座，离地高度不小于80cm。

（1）

（2）

图1-22 非机动车停车棚

十七、宣传栏

（1）

（2）

图1-23　宣传栏

说明：

（1）材料：框架材料可选用不锈钢。阅报栏后方夹板选用透明材料，便于阅览报纸。

（2）规格：每架三栏，各栏内容设统一的蓝色边框，尺寸均为800mm（宽）×1200mm（高），蓝色边框左右宽20mm、上部高145mm、下部高65mm；题目采用220磅黄色综艺体字，白色下划线高4mm；左上角圆角白底司徽的尺寸为85mm×85mm。

（3）安装：框架立杆埋深不小于800mm，于项目大门内主干道两侧或一侧布置，从大门方向开始分别为：企业简介+项目简介+项目阶段照片、企业质量环境安全方针+项目质量环境安全目标+项目事务公告栏、安全学习+质量学习+安全计时、质量安全奖罚+阅报栏+阅报栏，三栏一组。

十八、医疗设施

（1）施工单位开工前必须对工地周边的医疗单位进行调研，掌握员工就诊和急救的医院名称和地址，并与医院签订救治协议，开辟绿色通道。

（2）施工现场必须配备应急救援担架、绷带、医用棉球、纱布、夹板、止血胶带、红药水、碘酒、烫伤膏等。医疗卫生箱内应放置常用的药物，如退热药、消炎药、腹泻药、消毒药水等，药物发放要有记录。有条件的，现场可配置专职医务人员或经过培训的急救人员，如遇突发情况，可到就近医疗机构就诊。

（3）施工单位每年必须开展卫生防疫、防病自救、互救、急救的宣传教育，通过黑板报、专刊的形式，供施工人员学习，并留下内业资料记录。

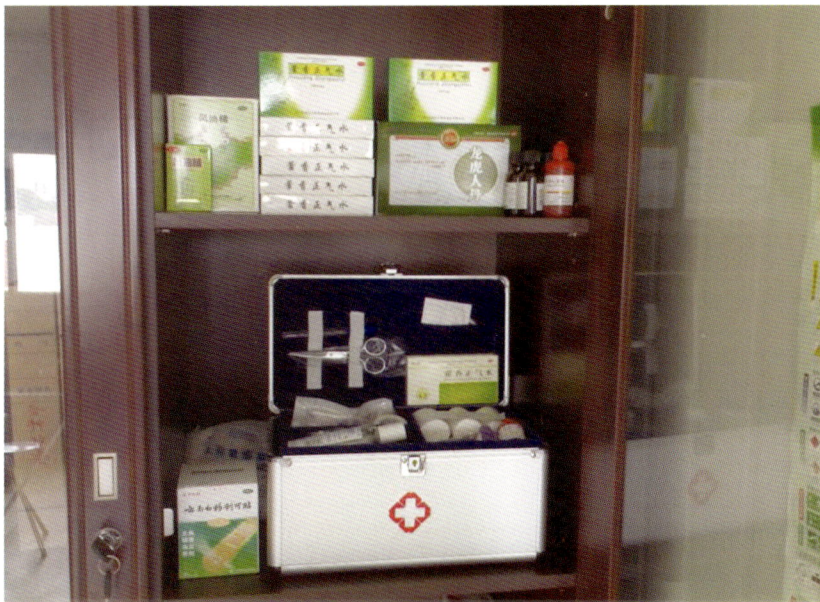

（1）

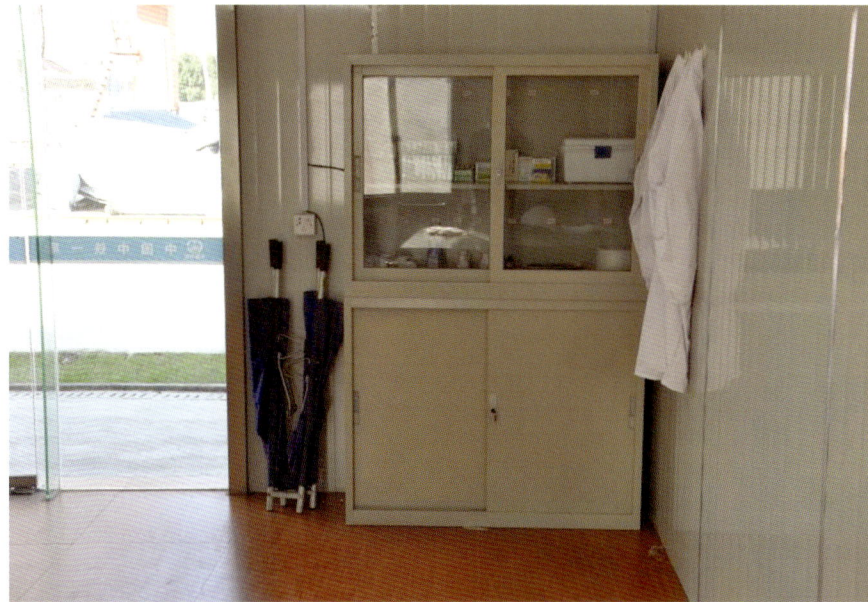

（2）

图1-24 医疗设施

十九、生活区灭害措施

生活区必须有灭苍蝇、灭蚊子、灭蟑螂、灭老鼠的各类措施，宿舍、厕所及周边区域的排水沟、水斗等处必须定期喷药，并配备灭害工具（灭蝇笼、灭蚊灯、灭蟑螂药片、喷雾剂和灭鼠夹）。喷洒的药物须专人管理。

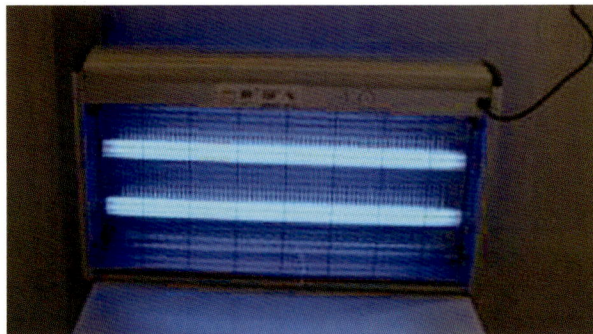

图1-25　灭蚊灯

图1-26　空调

二十、空调

（1）办公室、宿舍等房间设立分体式空调，空调线路必须为专用电线。

（2）空调主机设立于室外通风处，主机需设立主机架，且机架摆放应整齐划一。

（3）宿舍内严禁将衣服搭在空调出风口处。

（4）空调可设温控器，控制空调的不必要使用，以达到节能减排的目的。

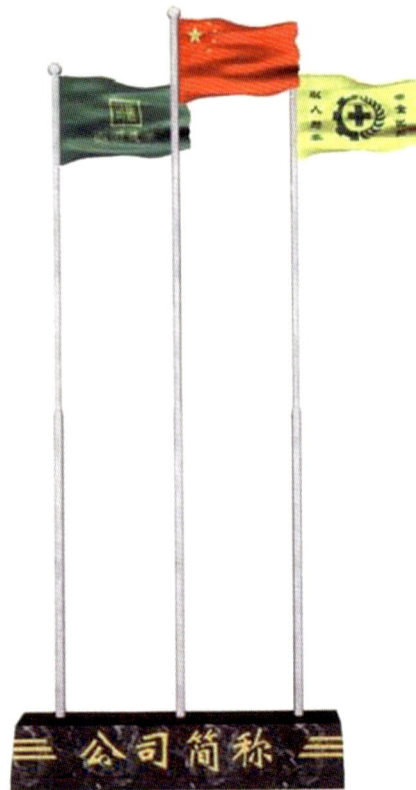

图1-27　旗杆和旗杆座

二十一、旗杆和旗杆座

（1）旗杆座采用砖砌，内填土压实，外贴墨绿色大理石或瓷砖。

（2）旗杆应采用不锈钢钢管制作，外观光洁无锈迹。

（3）在主项目部设置，其他工点视场地情况而定。

（4）设三根旗杆，从左到右分别是司旗、国旗、安全旗。

（5）旗杆必须焊接可靠、固定牢固，埋深不小于1500mm。

（6）不得升挂破损、污损、褪色或者不合格的旗帜。

第二章　施工区标准化建设

一、施工现场大门

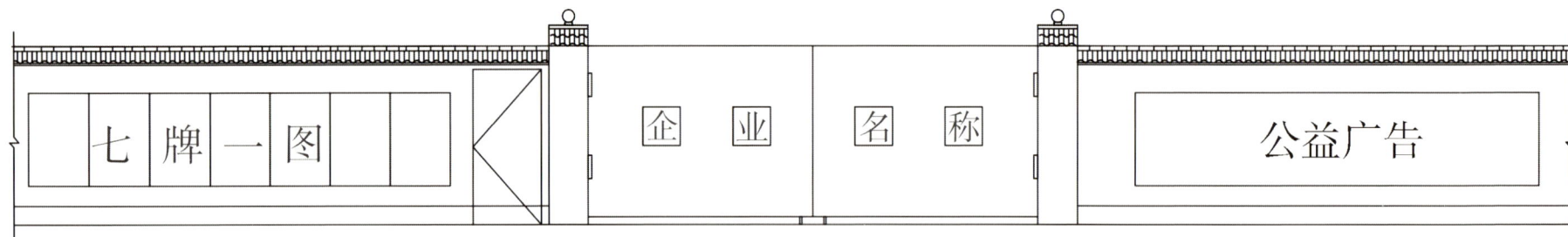

七 牌 一 图　　企 业 名 称　　公益广告

（1）

说明：

（1）施工现场应根据现场道路及场地情况设置1～2个大门。

（2）工地大门可根据实际情况设置为开启式或推拉式，宜使用无横楣式大门。

（3）工地大门应采取人车分流措施，设置人员进出专用通道，人员进出通道可安装刷卡门禁系统或闸机门禁系统，有效控制人员进出。

（4）工地大门的尺寸根据现场实际情况而定，以满足车辆和人员的通行为原则。推荐设置宽度不小于8m的大门。

（5）门柱采用砖砌或钢结构，做到安全、美观、稳定。门和柱上可喷企业标志和企业名称，标语可由各企业根据企业文化设定。

（6）工地大门临近交通道路的，应设置交通警示标志。

（2）

图2-1　施工现场大门

二、七牌一图

图2-2 七牌一图

说明：

（1）按照《广州市建设工程文明施工管理规定》，项目大门口围蔽外侧及施工现场的进口处均应有整齐明显的"七牌一图"：工程概况牌、管理人员名单及监督电话牌、消防保卫牌、安全生产牌、文明施工牌、维权公示牌、重大风险源公示牌和施工现场总平面图。

（2）标牌制作、标挂应规范整齐，字体工整。

三、安全警示镜

项目部在工地门口树立一面"安全警示镜"，旁边张贴安全防护用品配备、佩戴示意图，要求管理人员及施工人员进入施工现场前，在镜前严格按照示意图的要求规范穿戴，直接明了地对施工前的安全防护情况进行确认。

安 全 警 示 镜

自觉遵守是保障

安全规程系生命

安全佩戴标准

- 系好帽带
- 戴好安全帽
- 系好安全带
- 佩戴胸卡
- 扣好纽扣
- 扎紧袖口
- 戴好手套
- 系好鞋带

图2-3 安全警示镜

四、施工便道硬化

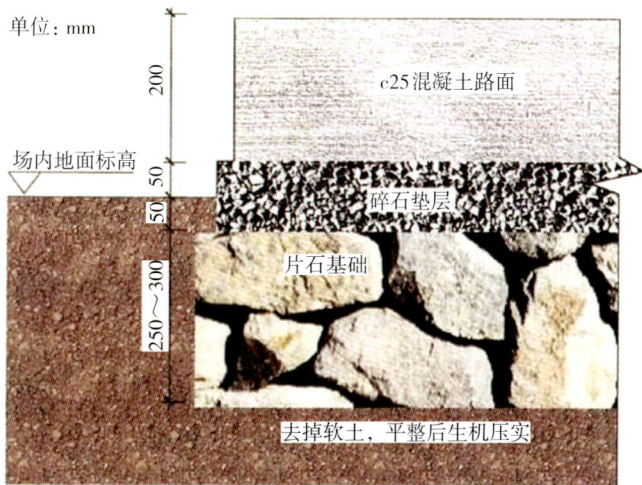

（1）轻载干道路面（或加工场、仓库和办公生活区地面）剖面图

（2）重载干道路剖面图

图2-4　施工便道剖面图

（1）

（2）

图2-5　施工便道效果图

说明：

　　施工区域的施工便道必须硬化处理，同时应严格按照施工组织设计的要求铺设，确保道路畅通、平整、不积水。主要通道为钢筋混凝土路面，厚度为160～250mm，钢筋混凝土路面下的碎石垫层厚度为100～200mm，用压路机或其他机械碾实，路面宽度至少保证7m（局部地段也可根据施工现场的实际条件放宽或缩小）。施工现场道路要进行日常保洁，设置排水系统，做到不积泥、不积水，路面如有损坏要及时修复。

五、排水沟

　　排水沟根据现场实际情况，有重载的选择砼浇筑，人行道路才允许用砖砌的形式，并用水泥砂浆抹光，排水沟的宽度不宜小于300mm，深度不小于400mm，沟底设置0.2%的坡度，水沟过长时中部可设置集水坑。水沟上部制作盖板，不准堆放物品且须保持清洁畅通。

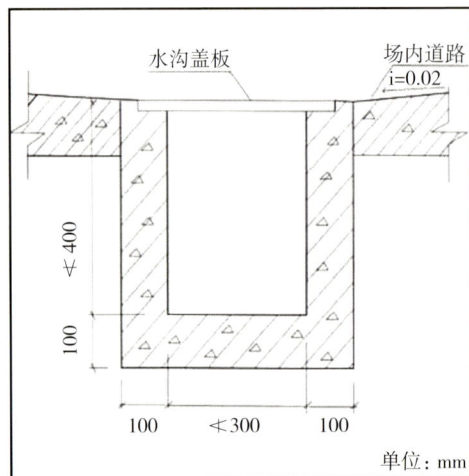

（1）

（2）

（3）

（4）

图2-6　排水沟

六、矿山法隧道施工排水

矿山法隧道施工排水采用明排法，在洞侧边位置设集水沟，每隔30m设一个集水坑，通过抽水机将水引至洞外废水处理池。抽水机的排水能力应大于排水量的20%，并配备潜水泵及发电机（备用电源），以做好停电时的应急排水工作。

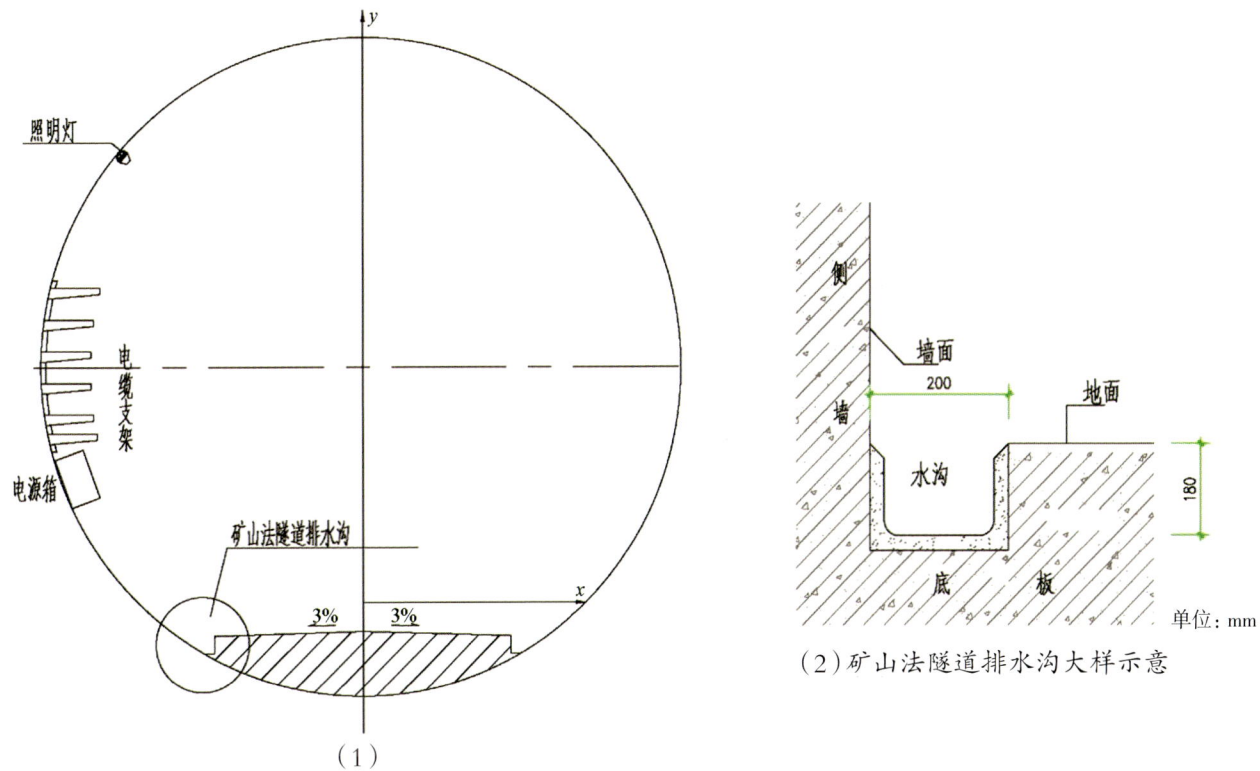

（1）

（2）矿山法隧道排水沟大样示意

图 2-7　矿山法隧道施工排水

七、挡水墙

（1）施工现场基坑周边（含竖井、端头井）应设置挡水墙。

（2）挡水墙应设置在基坑冠梁外侧，采用钢筋混凝土现浇结构与挡土墙结构相连接，高度不宜小于60cm，厚度应不小于20cm。

（3）挡水墙设置应与基坑周边临边防护统筹考虑，挡水墙上安装临边防护围栏，临边防护围栏应采用装配式防护围栏，围栏高度不小于60cm。挡水墙与防护围栏总高度不小于1.2m。

（4）挡水墙2m范围内的地面应明显高于周边地面标高，并顺坡与排水沟连接。

（5）根据当地水文气候条件，可在挡水墙上设置预留孔，用于水管、电缆线等常用管线的穿孔使用。挡水墙上的预留孔高度应至少高于当地雨季天气的最大降雨量高度，确保雨水不能通过预留孔回流基坑。

（1）

（2）

图2-8　挡水墙

八、材料加工场

（1）材料加工场布置图

（2）材料加工场用电设施及设备布置

图2-9　材料加工场

说明：

（1）材料加工场地必须专门划出区域，采取隔离围护措施。区间盾构及装饰、安装工程场地可设置在地面或车站中层平台。场地内设弯曲机、对焊机、切割机、砂轮机、钻床和电箱等。

（2）施工机具设备临时用电必须符合JGJ46—2005标准，做到"一机一闸一箱一漏""三级配电、两级保护"，电箱要规范挂设，摆放整齐，机具电缆过路走向必须按标准套管挂设或作埋设处理。

（3）木工间应做到三面彩钢板围护，悬挂禁止吸烟标识，木屑、边角料应及时打扫、清理。

（4）加工成品要摆放整齐，严禁堆积，并悬挂材料标识牌。

（5）各类机械要悬挂安全操作规程牌。

九、材料堆放

（一）钢筋原材堆放

各类钢筋原材（含盘钢、钢角线等）必须根据型号、规格，分门别类整齐堆放。长短尺寸以单头整齐为好。堆放点必须制作料架，料架采用10～16号槽钢制作（根据不同规格选择槽钢型号），制作成U形，所有条形材料必需堆放在U形槽（圆盘）内，并做好覆盖。

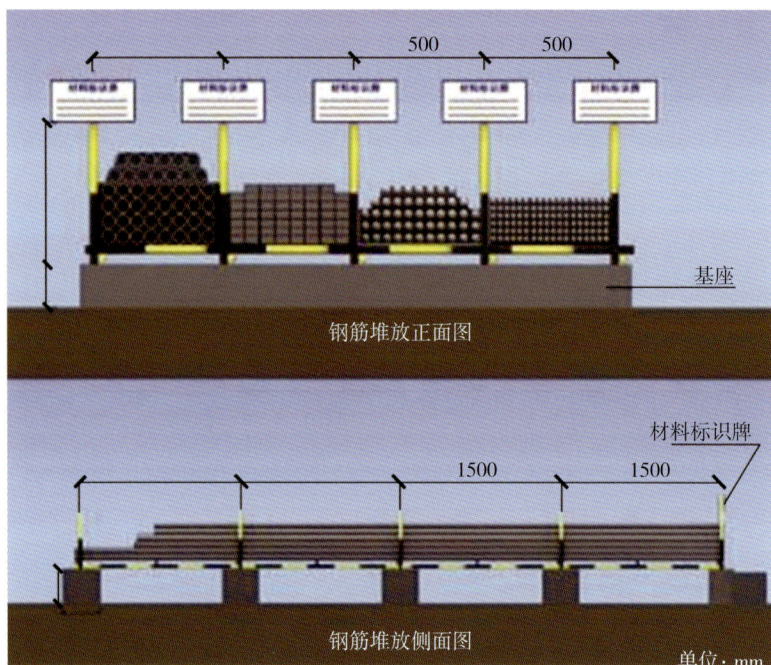

（1）

（2）

图2-10　钢筋原材堆放

（二）钢筋半成品堆放

各类钢筋半成品根据型号、规格、使用部位，分门别类整齐堆放，堆放高度应低于1.5m。堆放点必须制作料架，支垫高度不小于20cm。

（1）

（2）

图2-11　钢筋半成品堆放

（三）周转材料堆放

模板和木方按规格堆放或单边对齐堆放，高度应低于1.5m；木方堆放采取横竖间隔堆放，模板采取单边对齐堆放，堆放位置不得影响施工，不得占据施工通道，堆放区域必须配备消防设施。

（1）

（2）

（3）

图2-12　周转材料堆放

（四）管片堆放

（1）管片堆放场地必须浇筑混凝土并保证平整，场地周围必须采取排水措施，不得积水。

（2）管片必须堆放在钢制基座或方木上，堆放高度不宜超过3块，管片间的垫木高度一致。

（3）管片堆放整齐，纵距、横距不得小于1m，通道内不得放置其他物体，保持通道畅通。

（1）

（2）

图2-13 管片堆放

（五）盾尾油脂桶和各类盾构油桶堆放

（1）盾尾油脂桶垛堆高度不得超过3层，必须靠墙堆放整齐，油桶必须排列整齐、紧凑，不得倾倒放置，桶盖必须拧紧，油桶必须表面清洁，不得有油污和垃圾。

（2）液压油宜在室内存放，远离热源，避免阳光直射。如需露天存放，应使用篷布遮盖，并将油桶倾斜，出油口朝上，防止雨水从桶口渗入。

（3）空桶应单独放置，各种油脂、油料应分类存放，标识明确，以防混用。

（1）

（2）

图2-14　盾尾油脂桶和各类盾构油桶堆放

（六）砂石料场

（1）砂石料场地必须进行硬化，按照品种、粒径等分区设置，砂石料不得混堆或交叉堆放。

（2）分料区应采用混凝土结构或砖砌墙结构，高度为1.5～1.8m，仓内地面应设不小于4%的地面坡度，墙面应预留排水孔，并做好排水系统，避免场内积水。

（3）料场的容量应满足最大单批次连续施工的需要，并留有一定的余地，另外还应满足运输车辆和装载机等的作业要求。

（4）料场应设置顶棚，并进行半封闭管理，避免扬尘污染及雨天影响。

（1）

（2）

图2-15　砂石料场

十、电瓶充电区

（1）充电区包括充电房与冷却池，充电房与冷却池应当合建，一般设置在龙门吊走行轨道内便于吊装的位置。

（2）充电房应采用轻钢骨架焊接，顶棚采用轻型波浪彩钢瓦，侧墙采用金属格栅防护，保障充电房的通风和散热。充电房的大小与设备数量相匹配。

（3）充电区应设置推拉式防雨棚，并配备灭火器。

（1）

（2）

图2-16　电瓶充电区

十一、仓库

（一）普通仓储物料库

普通仓储物料库用于存放日常低值易耗品材料、电气类材料、劳保用品及其他辅助材料。料库内需设立材料堆放架，堆放架采用角钢焊制，统一涂刷防锈漆，架体摆放整齐划一，堆放架一侧统一制作材料名称标识牌，料库内张贴领料管理制度及发料员岗位职责，并悬挂"禁止烟火"等安全警示牌。料库外放置灭火器及消防沙等消防设施。

（1）

（2）

图2-17　普通仓储物料库

（二）应急物资库

应急物资库存放各类突发事故的抢救应急物资，应急物资不得作为常规物资随意使用。库内摆放货架，应急物资摆放在货架上，货架摆放整齐划一，货架制作同普通仓储物料库货架，所有应急物资必须制作标识牌，库房内悬挂应急物资总台账，库内张贴应急物资管理制度，库内悬挂"禁止烟火"安全警示牌，并做好防火工作，库管员、现场值班人员等需配备应急物资库钥匙。

（1）

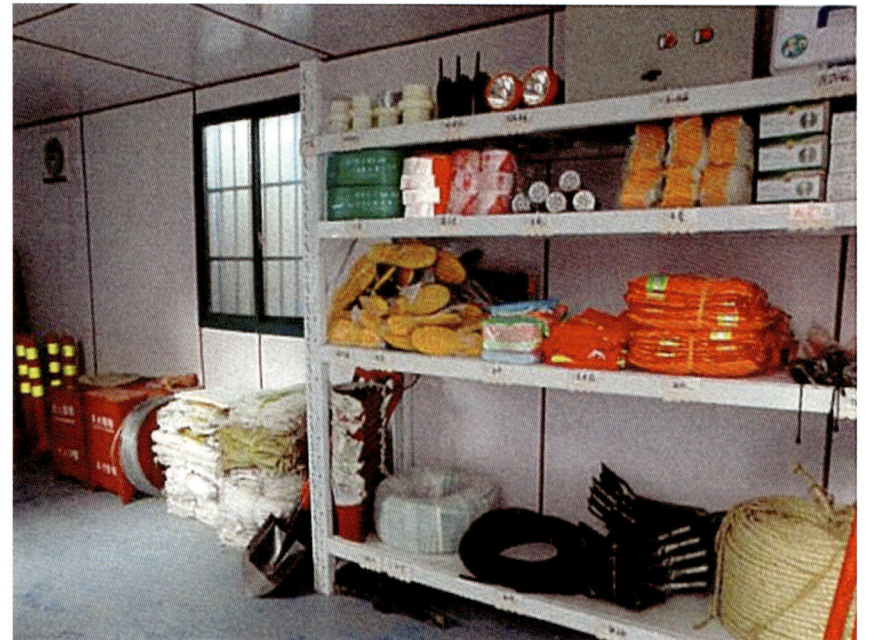

（2）

图2-18　应急物资库

（三）气瓶仓库

（1）施工现场必须设置氧气、乙炔危险品专用仓库，外表分别漆成天蓝色与明黄色。仓库与生活区保持安全距离，仓库占地面积不得小于4m²，通风良好，有遮阳棚及隔热措施，并安装防盗锁。正面张贴重点防火部位管理制度和责任人，并悬挂防火重点部位警示牌，现场配备灭火器。

（2）仓库内物品应分类存放，不得混放，仓库要有专人管理。

（1）　　　　　　　　　　（2）

图2-19　气瓶仓库

（1）　　　　　　　　　　（2）

图2-20　气瓶推车

气瓶推车采用DN25镀锌钢管焊接，外涂黄色漆。使用时，乙炔气瓶不得卧放或者倾角过大。

十二、材料标识牌

（1）施工现场所有的材料、半成品、成品应当悬挂标识牌，内容至少包括：材料名称、生产厂家、规格型号、炉（批）号、进场日期、进场数量、检验状态、检验结论等。

（2）标识牌采用喷绘+KT板或有机玻璃制作，尺寸宜为30cm×40cm；放置于相对应材料的正面或侧面；高度宜为1.2～1.5m。

（3）材料标识牌支架应坚固稳定、整洁美观。专人负责填写，保持清洁。

（1）　　　　　　　　　　　　　　　　　（2）　　　　　　　　　　　　　　　　　（3）

图2-21　材料标识牌

十三、设备标牌

（1）施工现场所有设备应粘贴设备标牌。设备标牌的内容至少应包括：设备名称、设备编号、规格型号、设备状态、设备管理人、联系电话、设备操作人、进场日期等。

（2）设备标牌采用背胶喷绘制作，粘贴于设备上；设备标牌尺寸宜为30cm×40cm。

（1）

（2）

图2-22　设备标牌

十四、安全操作规程牌

（1）施工现场所有设备（手持电动工具除外）必须悬挂安全操作规程牌。

（2）电焊机、电锯等较小设备的操作规程牌可直接粘贴在设备机壳上。

（3）操作规程内容根据设备特点，由专业人员参照国家现行有关标准进行编制。

（4）设备操作规程牌规格可采用20cm×30cm、30cm×40cm、60cm×80cm三种规格。

（1）

（2）

（3）

图2-23 安全操作规程牌

十五、冲洗设备与设施

（1）施工现场大门内应设置洗车坪，洗车坪的大小应根据现场实际条件确定；宜设置面积为5m×3.5m的混凝土洗车坪，四周设置排水沟，沟槽上方满铺钢格栅；钢格栅应涂刷安全警示色油漆。

（2）洗车槽混凝土强度及厚度应满足现场实际需要，洗车坪四周的排水沟必须与三级沉淀池相连，洗车污水经沉淀处理达到排放标准后，方可排入市政排水管网。

（3）大门口洗车处应当配备沉淀池、高压水枪、高压洗车水泵等配套设施和设备。

（4）定期对洗车坪沟槽底部、排水沟及沉淀池中的淤泥进行清理，避免堵塞。

（1）

（2）

图2-24　冲洗设备与设施

十六、三级沉淀池

（1）施工现场进行钻孔灌柱桩、注浆等作业时，要做好排水措施，如有泥浆水排放，要经三级沉淀池处理，不得把泥浆直接排入市政排水管网。

（2）井下泥水、集土坑周边清理泥水、道路清理泥水的排放，都必须经三级沉淀池处理，并做好定期清理沉淀物和下水道的检查和疏通工作。下水道的进口要有滤网，防止漂浮垃圾进入下水道而造成堵塞。

（3）三级沉淀池的尺寸应根据现场排水量确定，以满足沉淀要求。

（1）

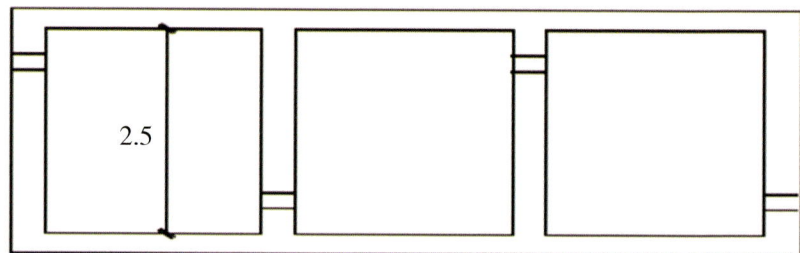

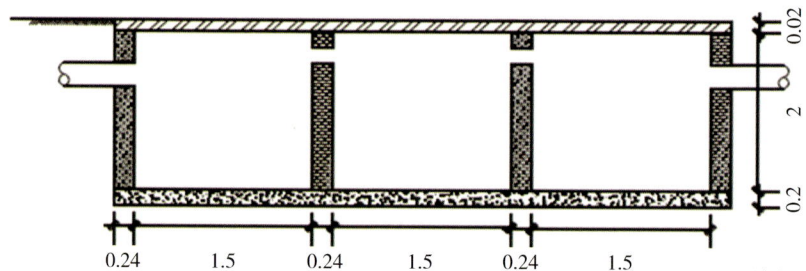

（2）

图2-25　三级沉淀池

十七、砂浆搅拌站

（1）

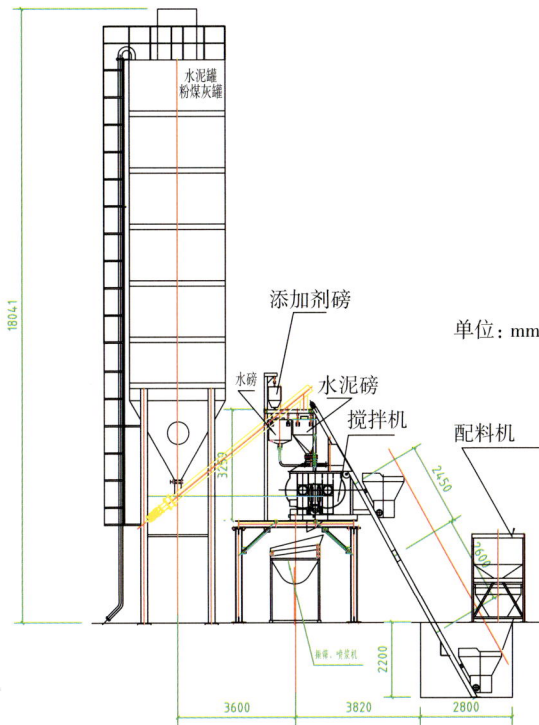

（2）

（3）

图2-26　砂浆搅拌站

（1）搅拌站应封闭设置、合理布局，尽量避免影响场内交通，宜靠近盾构井端头设置，搅拌能力应满足施工需求并有应急余量。

（2）搅拌站送浆管应采用硬质管路材料，放浆管宜采用软质管路材料，管路布设平顺牢固。

（3）拌制浆液所需的散装材料存放处宜采用砖砌体结构库房或活动板房库房，库房地面进行水泥硬化处理，地面应略高于室外。在硬化地面上设置高约15cm的木架，将消石灰、粉煤灰、膨润土架空，分类整齐堆码，堆放高度不超过1.5m。

（4）搅拌站必须配备自动计量系统，各类传感器灵敏可靠。

（5）搅拌站粉煤灰（水泥）罐基础牢固，罐体和防护棚应设置地锚及拉索装置，保证其在大风天气的稳固性，并增设防雷装置。

十八、临时渣土坑设置及管理

（1）为保证清洁文明，防止集土坑满溢，集土坑周围的场地必须有专人每天进行清扫，以确保土方运输车辆轮胎出工地不带泥，集土坑内严禁存储生活垃圾。

（2）集土坑与交通道路相邻的一侧，必须有防止泥浆、泥块飞溅的措施，可采用钢管结构，中间布置多层密目网，做到钢管结构不摇晃、防止泥浆飞溅有效。

（1）

（2）

图2-27　临时渣土坑

十九、安全生产讲评台

（1）安全生产讲评台由背景和站立台组成。背景由三大模块组成：中间为建设部强制性标准，左右为施工操作规程。讲评台背景的中下方安置讲评站立台，供讲评人站立。

（2）安全生产讲评台应在施工前制作完成，安全生产讲评台应设置在施工现场靠大门口的醒目位置，在特殊情况下，安全生产讲评台也可设置在井下中层平台。

（1）

（2）

图2-28　安全生产讲评台

二十、茶水亭（临时休息室）

（1）施工现场应设置茶水亭（临时休息室），搭建材料应使用《建设工程施工现场消防安全技术规范》（GB50720—2011）规定的A级燃烧性能材料，面积宜不小于10㎡，并由专人进行管理。

（2）茶水亭地面应铺设地板革，墙壁张贴卫生防疫宣传知识和休息室使用规定。

（3）茶水亭内配置条椅、茶水炉（热水器）、灭火器，夏季应设置风扇。

（4）茶水亭应设置在场地平坦处，并与施工区域保持安全距离；要能挡风遮雨，保证通风照明效果良好。

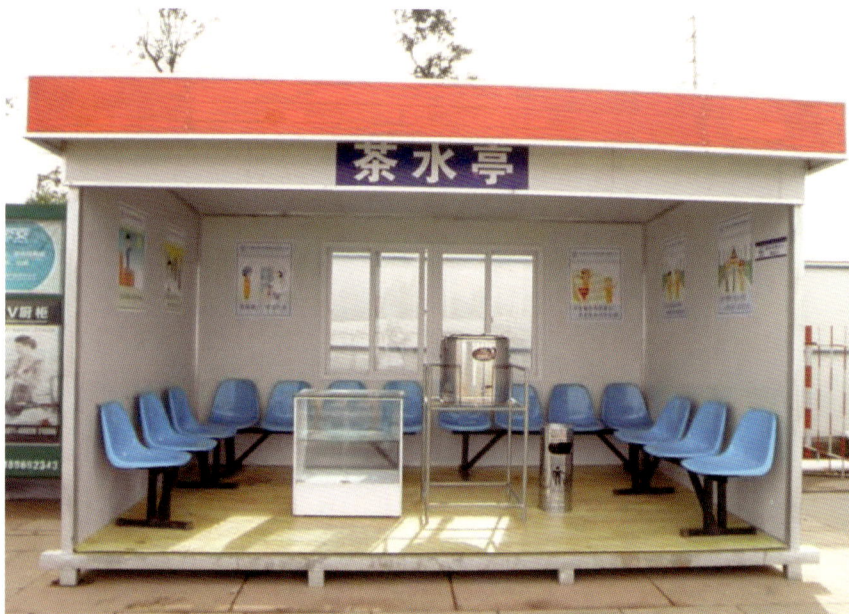

（1）

（2）

图2-29　茶水亭（临时休息室）

二十一、竖井围挡

（1）

围挡

出料口

上下井通道

（2）

图2-30　竖井围挡

说明：

（1）根据现场实际情况，在围挡适当位置设置出入口。

（2）竖井提升系统宜实施封闭管理，封闭隔离材料应采用能有效吸收或减弱噪音的材料，并设置通风换气装置。

（3）竖井提升系统的醒目位置应悬挂安全警示标识、机械设备标识及安全操作规程牌等。

二十二、监测点的标示、保护

为确保基坑施工安全，必须对基坑进行监测。沉降监测、水位监测等监测点通常布设在基坑周边便道上。为避免施工过程中监测点被破坏，需采取防护措施，对监测点进行保护，发生损坏后应及时进行恢复和补救。

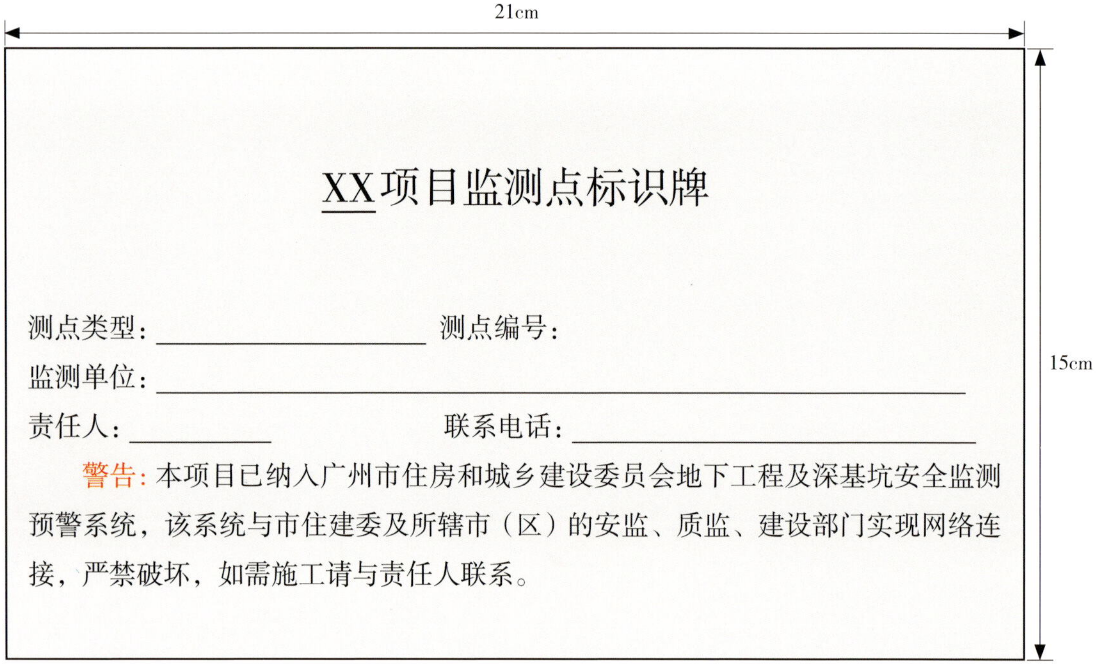

21cm

XX项目监测点标识牌

测点类型：_____ 测点编号：_____

监测单位：_____

责任人：_____ 联系电话：_____

　　警告：本项目已纳入广州市住房和城乡建设委员会地下工程及深基坑安全监测预警系统，该系统与市住建委及所辖市（区）的安监、质监、建设部门实现网络连接，严禁破坏，如需施工请与责任人联系。

15cm

图2-31　监测点标识牌

图2-32　监测点标识

二十三、防尘降噪

（一）绿化与覆盖

裸露土体三个月以上的，应当对裸露泥地进行临时绿化或者铺装；裸露土体七天至三个月以内的，必须采用绿色遮阳网或绿色密目式遮盖网覆盖。

（1）

（2）

（3）

图2-33　裸露土体临时绿化与覆盖

（二）喷淋降尘

土方开挖过程中裸露土体七天以内的，必须采用喷淋装置对裸露土体进行洒水喷淋，设备可选用喷淋系统、洒水车或远射程风送式喷雾机。

（1）

（2）

（3）

图2-34　喷淋装置

（三）噪声与扬尘监测

在工地现场设置噪声监测仪及PM2.5监测仪，为防尘降噪提供科学依据，白天噪声控制在70分贝以下，夜间噪声控制在55分贝以下。

（1）

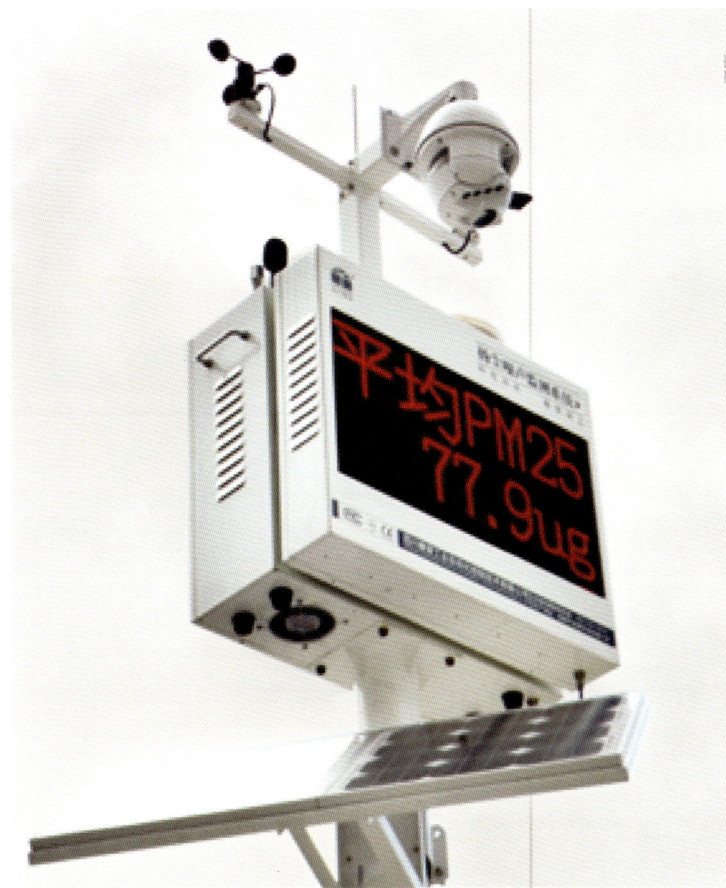

（2）

图2-35　噪声与扬尘监测

二十四、中水回收处理系统

（1）推广采用雨水、中水回收处理系统，将施工区、生活区的污水收集，污水经净化处理后，可用于场地冲洗、车辆冲洗、混凝土养护等，实现重复利用，从源头上减少污水的排放。

（2）回收处理系统的水箱须采用铝合金、不锈钢等材质制作，达到循环使用的目的。

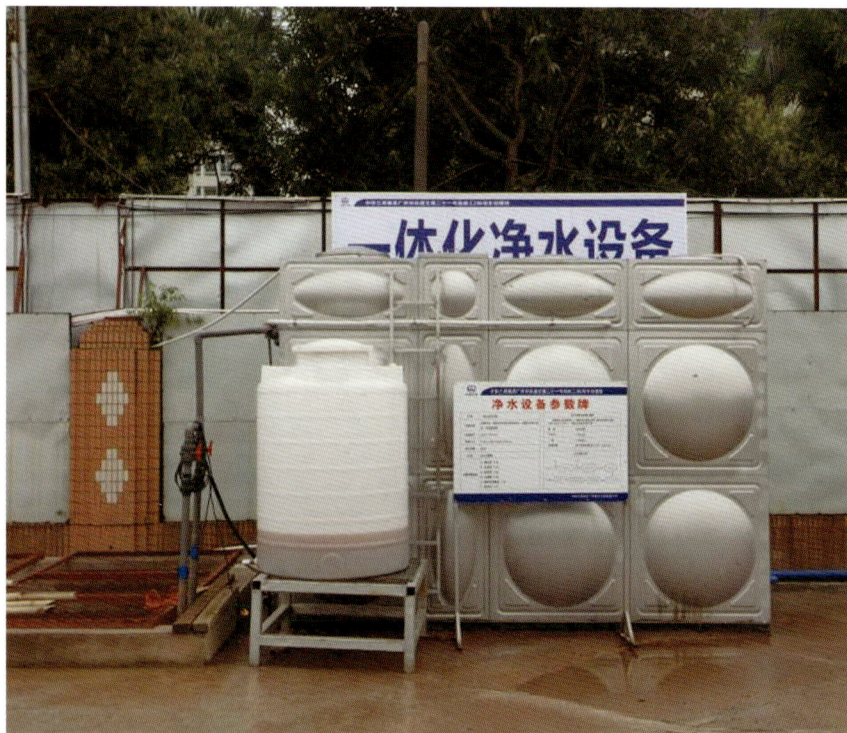

（1）

（2）

图2-36　中水回收处理系统

二十五、泥浆池

（1）在进行围护结构施工或桩基施工时，现场应设置泥浆处理系统（造浆池、存浆池、废浆池等泥浆箱池）。

（2）新鲜泥浆在施工现场内不同位置宜采用泥浆泵连接胶皮管运送，废浆宜采用沟槽导流，在泥浆池处应设置泥浆筛分系统，以提高泥浆的利用率。

（3）泥浆箱应悬挂标识标牌，注明新拌制浆液、循环浆液及废弃浆液，同时在泥浆制拌处悬挂泥浆配制、管理性能指标及泥浆配合比标识标牌。

（4）泥浆池必须有防雨措施，宜采用防护棚结构；泥浆池上部临空面必须采用钢管围栏进行防护，防护标准同临边防护，管路横平竖直，通道通畅。

（1）

（2）

（3）

图2-37 泥浆池

二十六、垃圾存放

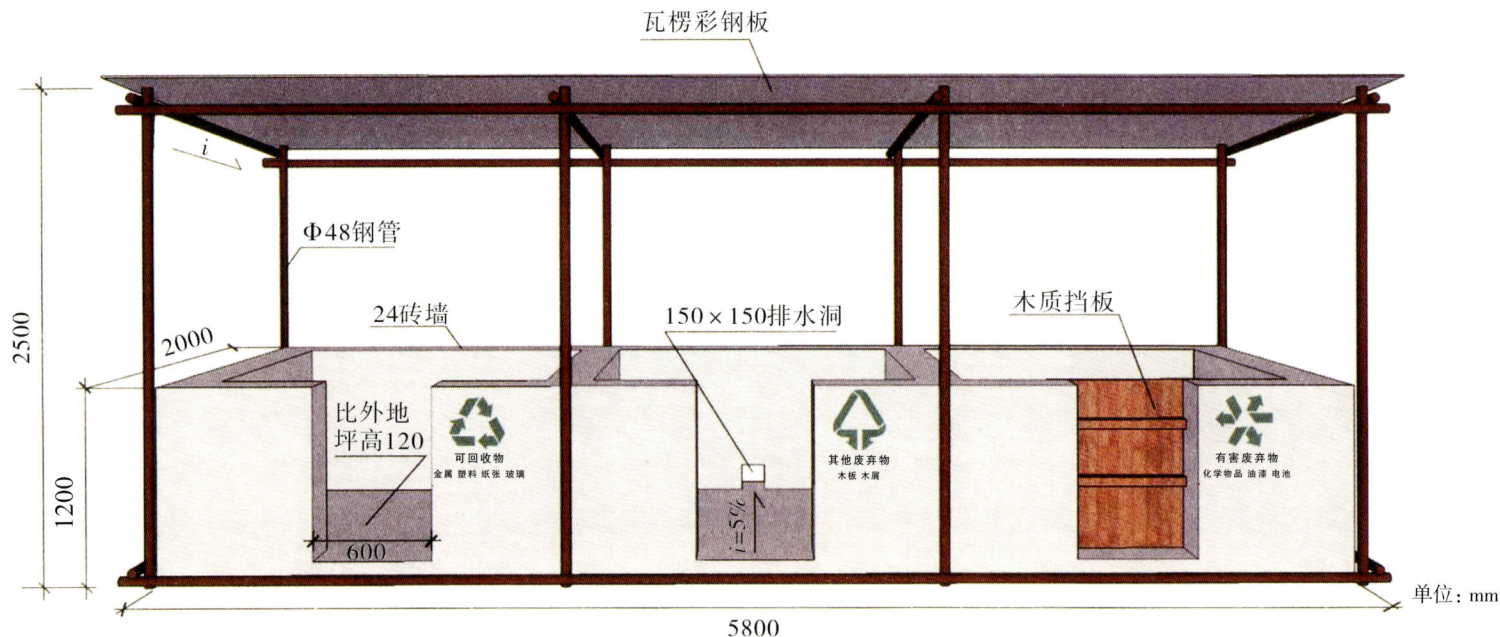

瓦楞彩钢板

Φ48钢管

24砖墙

150×150排水洞

木质挡板

2500

2000

比外地坪高120

可回收物
金属 塑料 纸张 玻璃

其他废弃物
木板 木屑

有害废弃物
化学物品 油漆 电池

1200

600

i=5%

单位：mm

5800

图2-38　建筑垃圾池

图2-39　生活垃圾桶

说明：

（1）垃圾应分类，垃圾桶和垃圾池均应分类标注。

（2）建筑垃圾池采用砖砌，高1.2m，并用砂浆抹光，设置在生产区周边，靠近运输出口位置。

（3）生活垃圾桶按照可回收垃圾、厨余垃圾、有害垃圾、其他垃圾分类设置，应采用带盖、带脚踏板和滚轮的塑料垃圾桶，单个容量不应小于360L。

（4）盾构施工期间，建筑垃圾可直接放置于渣土池中，但有机物、油料等有毒有害废弃物必须单独处理，可在机械加工房处设置专门的废料桶集中处理。

第三章 安全防护

一、个人安全防护

（一）安全帽

| 建设单位人员/监理人员 | 施工管理人员 | 特种作业人员 | 现场作业人员 | 应急人员 |

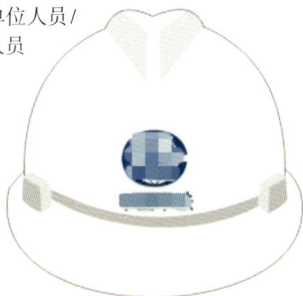    

（1）

进入施工现场必须戴安全帽

（2）

图3-1　各类安全帽

安全帽按照施工总承包单位有关制度进行采购和使用，宜统一颜色管理：项目安（质）监人员、嘉宾、监理、检查人员佩戴白色安全帽；施工管理人员佩戴红色安全帽；特种作业人员佩戴蓝色安全帽；其他作业人员佩戴黄色安全帽；应急抢险救援人员佩戴无任何标识的红色安全帽。按照《安全帽》（GB2811—2007）的要求，安全帽须经过技术监督部门质量鉴定，有生产许可证、出厂合格证，并在有效期内使用。

（二）安全网

安全网的物理性能、耐候性应符合《安全网》（GB5725—2009）有关规定，使用前必须三证齐全，即生产许可证、质量检验合格证及出厂合格证。

安全网搭设完毕，必须经专职人员检查，合格后方可正式投入使用。

在使用过程中，设置专人负责保养、检查、维修安全网，网内坠落物要经常清理，保持网体洁净。

图3-2 安全网

（三）安全带

安全带是防止高处作业人员发生附落或发生附落后将作业人员安全悬挂的个体防护装备。安全带应符合《安全带》（GB6059—2009）有关规定。

2m以上高处作业必须系安全带。安全带使用前必须三证齐全，即生产许可证、质量检验合格证及出厂合格证。使用安全带时应注意：

（1）安全带应高挂低用，防止摆动和碰撞；安全带上的各种部件不得任意拆掉。

（2）安全带使用两年后，按批量购入量情况抽验一次。

（3）安全带使用3～5年即应报废，如发现异常情况，应提前报废。

（1）

（2）

图3-3　安全带

（四）绝缘手套、绝缘鞋

（1）绝缘手套一般在低压设备工作时使用，防止误碰带电设备，保证人身安全。手套受潮或脏污严重时禁止使用。

（2）绝缘鞋为电工必备之物，在现场工作场合必须穿，以防止人身触电。

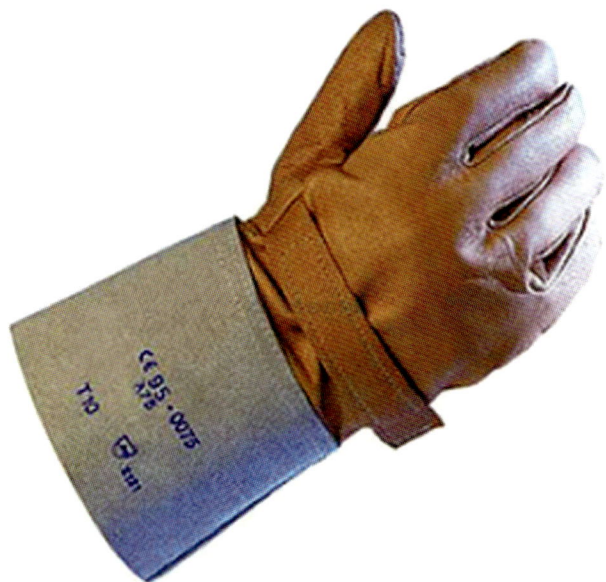

（1）

（2）

图3-4　绝缘手套

图3-5　绝缘鞋

二、"五临边"防护

"五临边"指沟、槽、坑和深基础周边，楼层周边，楼梯侧边，平台或阳台边，屋面周边。

"五临边"防护说明：

（1）深度大于2m的基坑或者高度超过2m的高空作业平台，都必须设置防护栏杆。

（2）防护栏杆的高度为1.2m，防护栏杆应由上、中、下三道横杆及栏杆柱组成，必须由上而下用安全网封闭，在栏杆下边设置严密固定的、高度不低于18cm的挡脚板。

（3）栏杆柱的固定：当在基坑四周固定时，可采用钢管并打入地面50～70cm深；在混凝土板面、屋面或墙面固定时，可用预埋件与钢管或钢筋焊牢。

（4）明挖基坑周边防护栏杆应采用定型装配式栏杆。

单位：mm

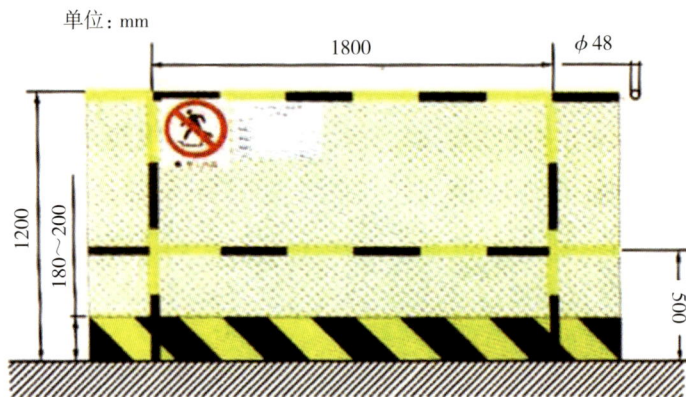

（1）示意图

（2）效果图

图3-6　临边防护栏杆

三、预留孔洞口防护

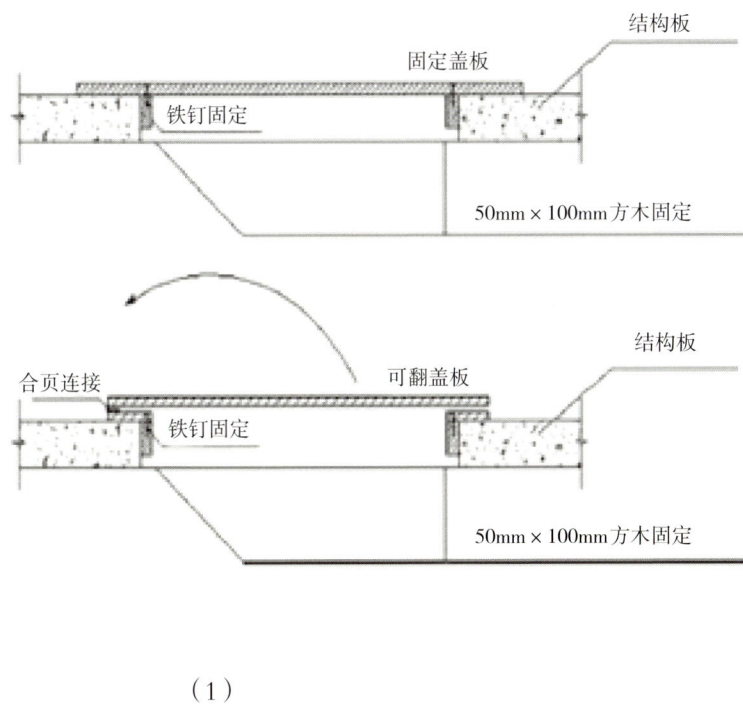

（1）

（2）

图3-7　边长小于50cm的洞口防护

说明：

（1）边长小于50cm的洞口，必须用铁丝网格严密覆盖或用贯穿于混凝土板内的钢筋（间隔不大于20cm）构成防护网，并予覆盖。

（2）边长大于50cm的洞口四周必须设1.2m高的防护栏杆，用密目式铁丝网围挡，必要时亦可在底部横杆下沿设置严密固定的高度不低于180mm的踢脚板。

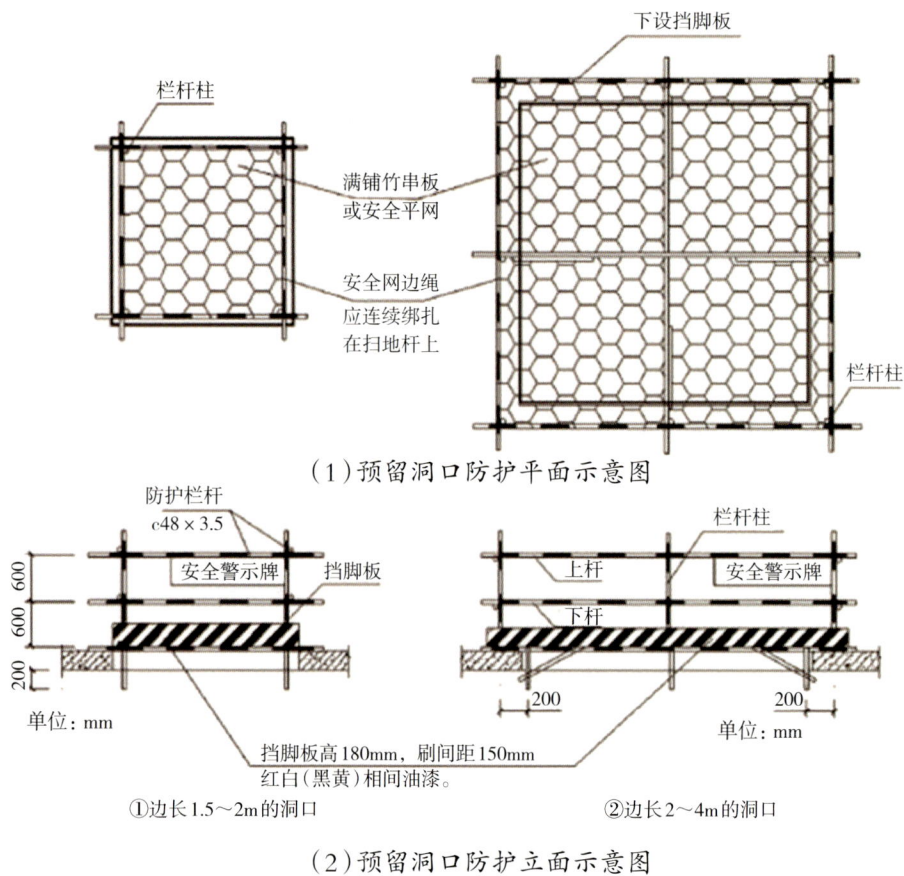

（1）预留洞口防护平面示意图

（2）预留洞口防护立面示意图

（3）

（4）

图3-8　边长大于50cm的洞口防护

四、站台轨行区临边防护

（1）

（2）

图 3-9　站台轨行区临边防护

说明：

（1）站台两侧临边防护采用标准防护网进行防护，为方便拆卸及重复使用，标准防护网的立杆采用方钢或其他可靠型材，防护网由 1500mm 宽、2000mm 高的铝网制作，立杆与铝网可靠连接。下部设不低于 20cm 高的挡脚板。

（2）临边防护离站台边缘的距离不小于 50cm，设置原则为便于文明施工安全管理，方便拆卸，不影响正常施工。

五、移动式脚手架

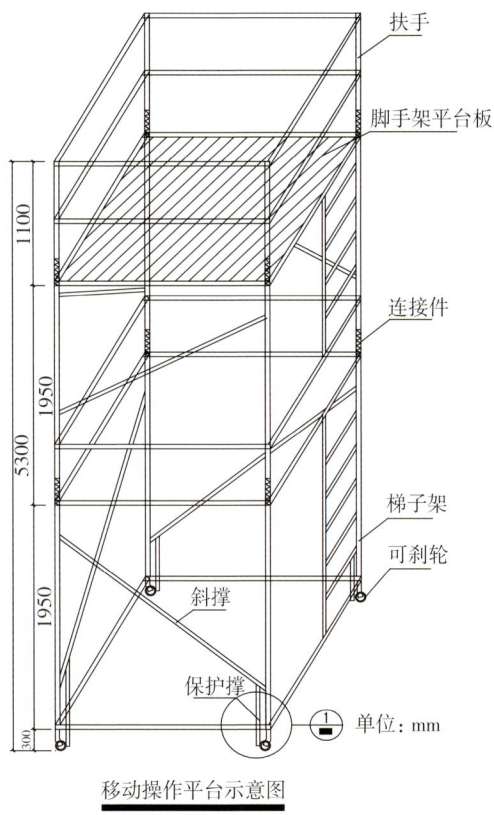

扶手

脚手架平台板

连接件

梯子架

可刹轮

斜撑

保护撑

1100

1950

1950

5300

1950

300

单位：mm

移动操作平台示意图

（1）

（2）

（3）

图3-10　移动式脚手架

说明：

（1）全部由钢管构件拼装组成，采用电焊（满焊）及铰链连接。

（2）钢材采用国家标准材料，严格按图施工制作，尺寸正确，电焊接点牢固，达到安全防护之目的。

（3）铰链端固定要求横平竖直、标高准确，支撑脚固定端用撑地螺栓，要求四面整平固定。

六、物料提升机进口防护棚

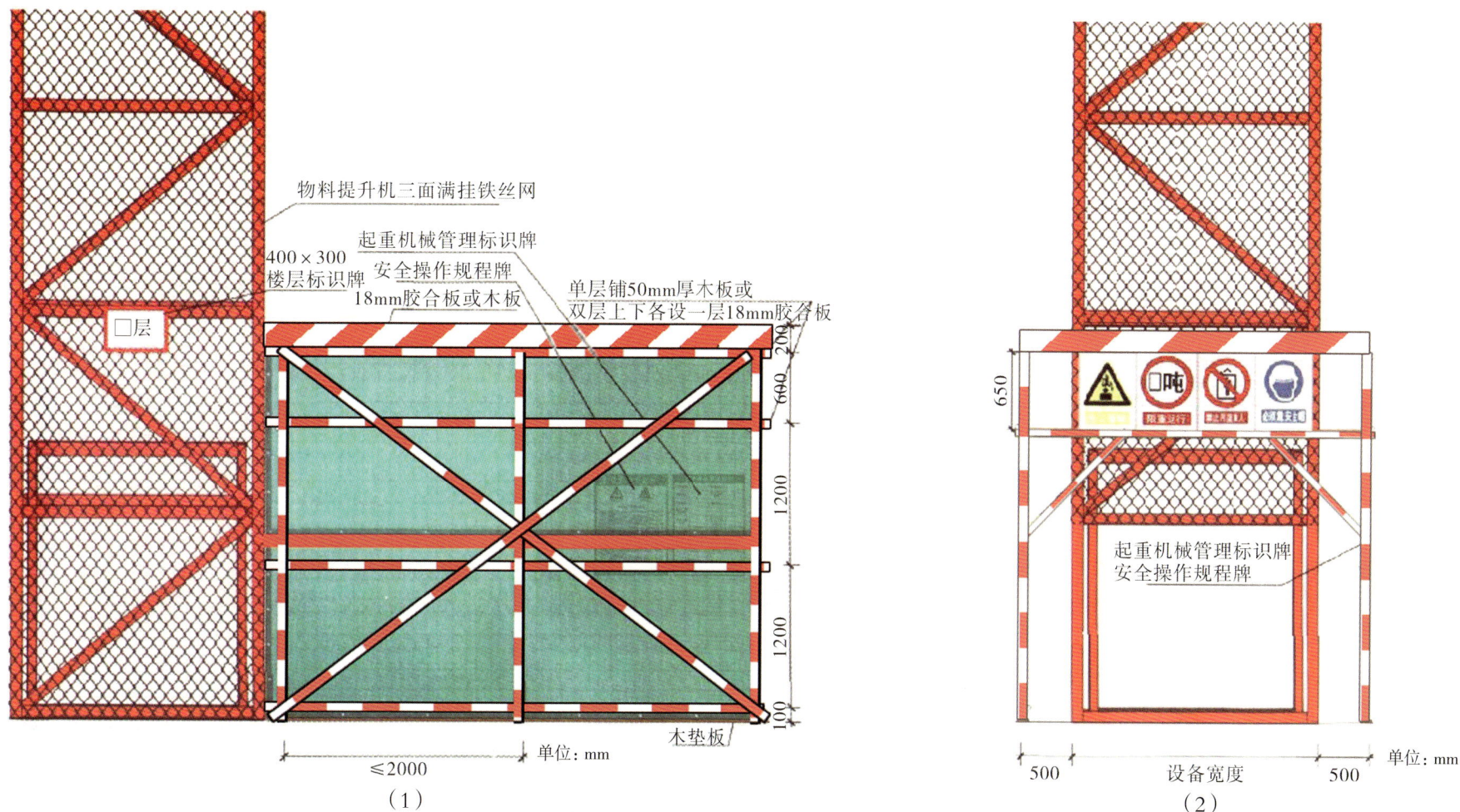

物料提升机三面满挂铁丝网

起重机械管理标识牌
安全操作规程牌

400×300
楼层标识牌

单层铺50mm厚木板或
双层上下各设一层18mm胶合板

18mm胶合板或木板

□层

200
600
1200
1200
100

木垫板

≤2000
单位：mm

（1）

650

□吨

起重机械管理标识牌
安全操作规程牌

500　设备宽度　500
单位：mm

（2）

图3-11　物料提升机进口防护棚

说明：

（1）防护棚采用钢管、扣件、木板和安全网搭设，在进出方向上的伸出长度应大于或等于设备最大安装高度时的可能坠落半径。

（2）棚内设置起重机械管理标识牌、安全操作规程牌以及安全标识牌。

七、下井钢梯

（1）下井钢梯的宽度为0.8～1m，踏板采用花纹钢板，宽度为250～300mm，高度为200mm。相邻的两块钢板交叉处不超过50mm，满足上、下人员通行安全方便的要求。制作完成后，刷防腐油漆。

（2）结构施工时，要提前预埋铁件，以提高钢梯的安全性。钢梯设置后必须制作上部栏杆，栏杆标准按临边栏杆的标准制作。下部应全封闭，封闭材料可用钢丝网和密目网。钢梯制作安置完毕后，由现场管理部技术施工人员和施工单位安全部门进行验收，合格后方可投入使用，并设置安全设施验收牌。

（3）上下井钢梯应设置各类相应安全警示牌（如"安全通道""当心滑跌""当心吊物"等），钢梯要定期清洁保养，对有污染的必须立即进行清洗，以防滑跌，对损坏的栏杆和防护网要及时修复或更换。

图3-12　下井钢梯

图3-13　钢梯栏杆

八、成型梯笼

（1）　　　　　　　　　　　　（2）　　　　　　　　　　　　（3）

图3-14　成型梯笼

说明：

（1）全部由钢结构拼装组成，连接采用电焊（满焊），箱式构件四面独立形成围护体系。

（2）钢材采用国家标准材料，严格按图施工制作，尺寸正确，电焊接点牢固，达到安全防护之目的。

（3）各箱式笼体间紧固件要求横平竖直、焊缝饱满，基座标高准确、结构牢固，当箱式笼体超高时应增设斜撑予以固定。

九、通道口防护

（1）进出建筑物主体通道口应搭设防护棚。棚宽大于通道口，两端各长出1m，进深尺寸应符合高处作业安全防护范围。

（2）安全通道净空高度和宽度应根据通道所处可能坠落半径及人、车通行要求确定，高度一般不低于3.5m，宽度一般不低于3m。

（3）安全通道及防护棚进口两侧应搭设钢管立柱（900mm×900mm），并应张挂安全警示牌和安全宣传标语。安全通道及防护棚立杆必须沿通行方向通长设置扫地杆和剪刀撑，立杆纵距不应超过1200mm。安全通道及防护棚两侧应设置隔离栏杆及八字撑，并满挂密目式安全网，所有水平杆控制伸出立杆外侧100mm。

（4）安全通道及防护棚应严密铺设双层正交竹串片脚手板或双层正交18mm厚木模板的水平硬质防护，层间距不应少于600mm，同时应在顶层设置防护栏杆，高度为1200mm，并设置两道水平杆，栏杆刷间距为400mm的红白相间的警示油漆，除入口处外其余三面满挂密目式安全网。

（5）各类防护棚应有单独的支撑体系，固定可靠安全。严禁用毛竹搭设，且不得悬挑在外架上。

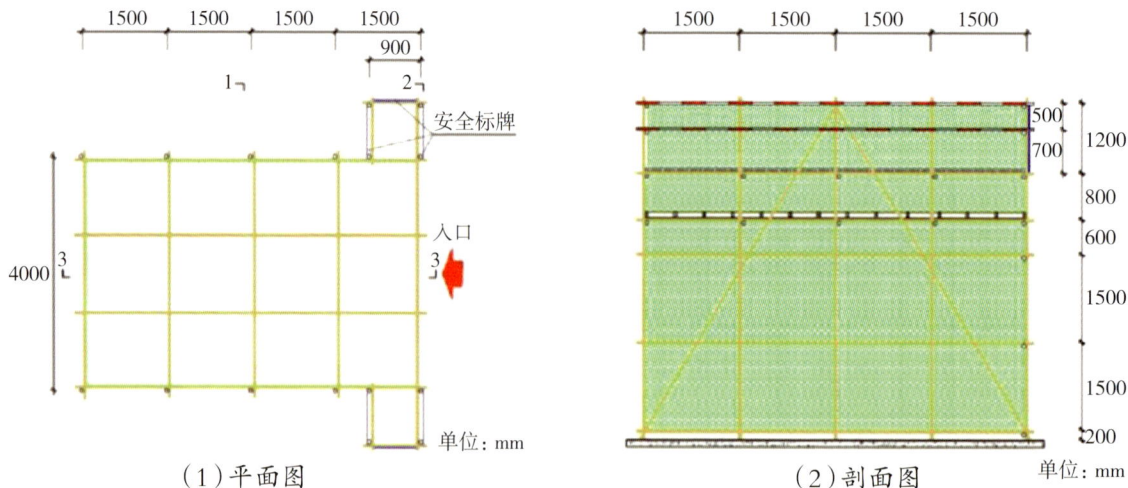

（1）平面图 （2）剖面图

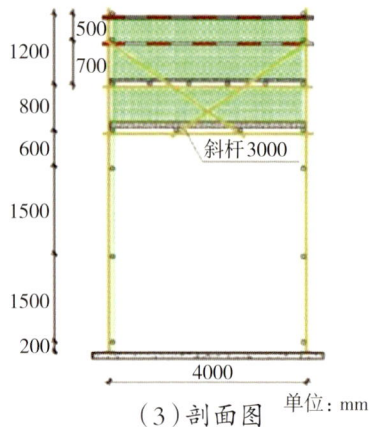

（3）剖面图

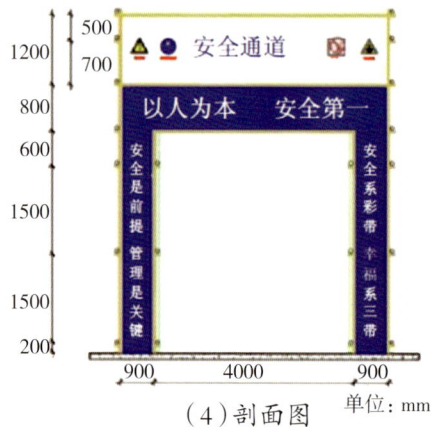

（4）剖面图

（5）三维效果图

图3-15　通道口防护

十、电梯井、竖向洞口防护

（1）电梯井口必须设置定型化、工具化的可开启式安全防护栅门，涂刷黄黑相间警示色。安全防护栅门高度不得低于1.8m，并设置180mm高的踢脚板，门离地高度不大于50mm，门宜设置为上翻外开。

（2）电梯井内自二层楼面起不超过二层（不大于10m）拉设一道安全平网，如采用硬质材料隔离的必须每层封闭。当隔离措施采用钢管落地式满堂架且高度大于24m时应采用双立杆。

图3-16　洞口防护

十一、盾构隧道内安全通道

（1）走道板与隔离栏杆的制作要求：人行通道底部结构由角钢支架和走道板组成，上部由直径为25mm的钢管组成。走道板尺寸为0.5m×2m。走道板必须牢固绑扎在40mm×40mm的角钢结构中，角钢结构与下部支架成为整体，走道板要保持水平，不得倾斜，底部与管片用螺栓牢固连接。人行通道的隔离栏杆，采用25mm的钢管结构，立杆每间隔2.4m固定在走道板钢结构支架上，不得摇晃。沿线栏杆必须线条流畅，采用黄、黑油漆漆成黄黑相间色。

（2）通道的保护维修：通道上部禁止堆放物件和垃圾，以保持通畅，通道栏杆各连接点要定期检查，如发现栏杆弯曲脱焊、接口松动、走道板网片破损等，要及时进行修复或更换。栏杆要定期保养，色彩褪色的要重新刷漆。

（3）通道上下小梯：人行通道两端必须设置上下小梯，小梯由角铁和花纹钢板组成，并设有扶手栏杆。上下小梯必须和电机车轨道保持安全距离。

（4）若通道在下井梯笼的另一侧，需穿越轨道的，应在轨道的上方架设天桥，可直接连接梯笼与通道。

（5）警示标识的布置：人行通道的沿线和两端必须设置各类相应的安全警示牌，如"安全通道""禁止堆物""当心绊倒""当心车辆"等。

（1）　　　　　　　　　　　　　　（2）　　　　　　　　　　　　　　（3）

图3-17　盾构隧道内安全通道

十二、墩柱施工安全防护

（1）搭设墩柱施工脚手架时，四周应挂设密目式安全网，操作平台应满铺脚手板，脚手板与钢管搭接处必须进行绑扎固定，不得有活动的探头板。

（2）墩柱施工上下必须设置爬梯，爬梯必须和脚手架搭设同步施工，墩柱爬梯坡度应保持在30°～40°，爬梯跑道应满铺脚手板。跑道宽度一般为0.6～1m，休息平台应设置踢脚板，钢管表面应统一涂刷安全警示漆。

（3）脚手架及爬梯四周应按规定设置剪刀撑，外立面挂安全网封闭，并悬挂安全警示牌及验收合格牌。

（4）操作平台下部应设置一张水平安全兜网。

（5）对于标准墩柱施工，应采用拼装式墩柱施工作业平台。

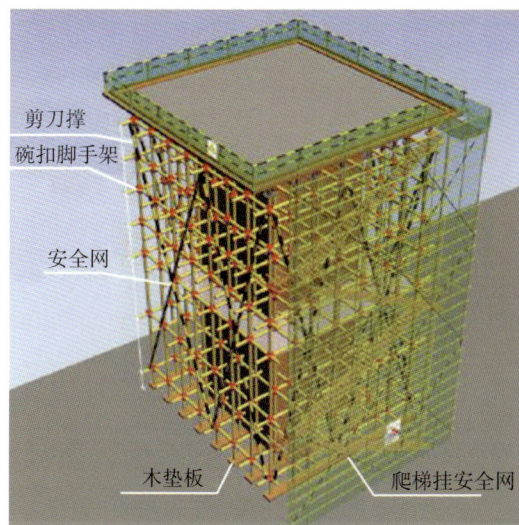

（1）

（2）

（3）

图3-18 墩柱施工安全防护

十三、现浇梁桥面安全防护

（1）现浇梁体施工前，应在支架两侧预留不小于60cm的操作平台，操作平台必须设置临边防护，高度应不小于1.2m，并设置踢脚板，挂设安全网。

（2）梁体施工时，可在端头或侧面设置爬梯，可采用脚手架爬梯或钢梯笼。

（3）脚手架爬梯宜采用"之"字形布置，爬梯坡度应保持在30°～40°，宽度应不小于1m，两侧必须设置扶手及踢脚板，并挂设安全警示牌及临时设施验收牌。

（4）钢梯笼制作安装按照本章有关要求执行。

（5）梁体施工完成后，桥面边缘必须设置防护栏杆及踢脚板，防护栏杆严格按照临边防护要求执行。

（6）防护栏杆表面应统一涂刷黄黑间隔警示色油漆，并张挂安全警示标识。

（1）

（2）

图3-19　现浇梁桥面安全防护

十四、设备隔离

行车作为大型设备，在运行过程中和施工人员存在交叉作业，会产生安全隐患。对行车实施双隔离栏杆防护，是确保施工人员安全的有效措施。

行车安装验收后必须立即在轨道两侧制作隔离栏杆，隔离栏杆和行车的距离为0.5m以上，轨道两侧的隔离栏杆必须延伸到轨道的终端并作封闭处理。

（1） （2） （3）

图3-20 设备隔离

十五、临时用电

施工单位在设置临时用电系统前，必须完成《施工临时用电组织设计方案》的编制、审批工作。

（一）变压器室

变压器室应设置在灰尘少、潮气低及振动小的地方，四周安装防护围栏，其安全距离应符合下表的规定，设门并上锁，挂安全警示牌，配备灭火器、铁铲、黄沙等消防器材。变压器工作接地电阻应不超过4Ω。

变压器室安全距离

外电线路电压等级（kV）	≤10	35	110	220	330	500
最小安全距离（m）	1.7	2.0	2.5	4.0	5.0	6.0

（1）

（2）

图3-21　变压器室

（二）线路敷设

1. 地面线路

架空电缆应沿电杆、支架或墙壁敷设，严禁沿脚手架、树木或其他设施敷设，并采用绝缘子固定，绑扎线必须采用绝缘线。沿墙壁敷设时最大弧垂距地不得小于2m。

（1）施工现场的架空线路必须采用导体外有绝缘保护的绝缘电线或电缆，不得采用裸导线。

（2）架空线最大弧垂与地面的最小距离应符合《施工现场临时用电安全技术规范》（JGJ46—2005）相关规定。

（3）支架采用钢管或钢筋等材料搭设，应搭设牢固，可采用三角支架等形式。沿支架敷设的电缆应绑扎牢固，与支架绝缘良好。

（1）

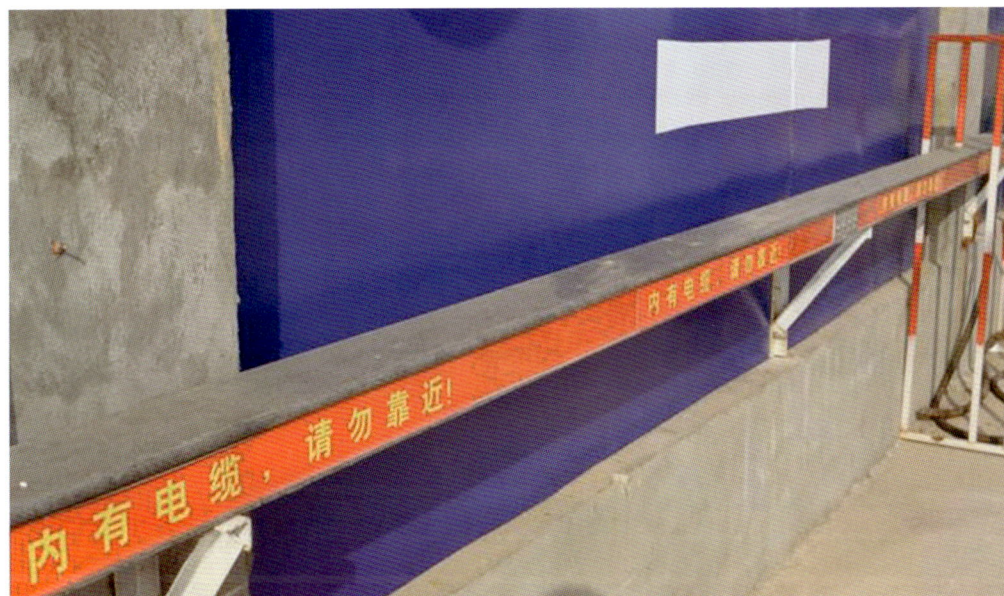

（2）

图3-22 地面线路敷设

2. 盾构施工隧道内高压电缆敷设

（1）隧道内高压电缆的敷设原则上应与人行通道相对布置，若必须在人行通道一侧时，其高度应高于行人触摸点。在隧道沿线每间隔3环用挂钩挂起，挂钩要用绝缘塑料包裹。电缆布置在挂钩上要保持高度一致、弧度适中。高压电缆每隔10m必须悬挂"高压危险"警示牌。

（2）盾构机车架上的高压电缆必须呈"8"字形摆放，电缆上方禁止站人或进行其他作业，储存电缆的车架外部必须设置隔离栏杆，悬挂安全警示牌。

（1）同向布置

（2）对向布置

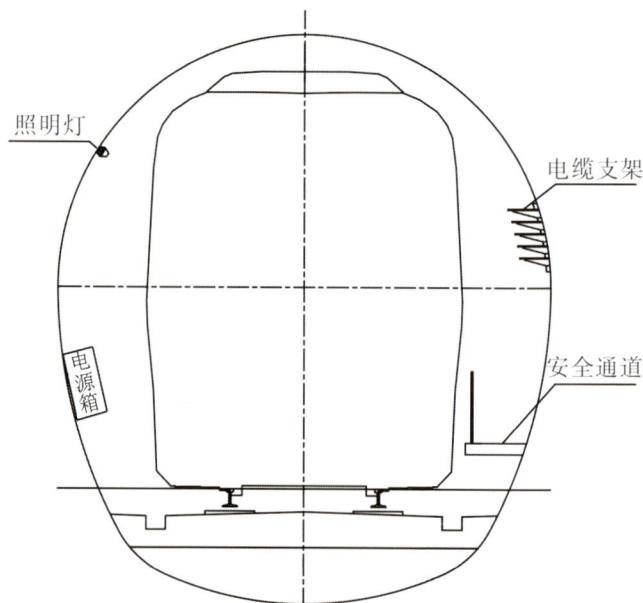

（3）线路敷设

图3-23　隧道内高压电缆敷设

3. 车站安装线路敷设

（1）室内非埋地明敷主干线距离地面高度不得小于2.5m，尽量沿墙面挂墙敷设。[依据《施工现场临时用电安全技术规范》(JGJ46—2005)]

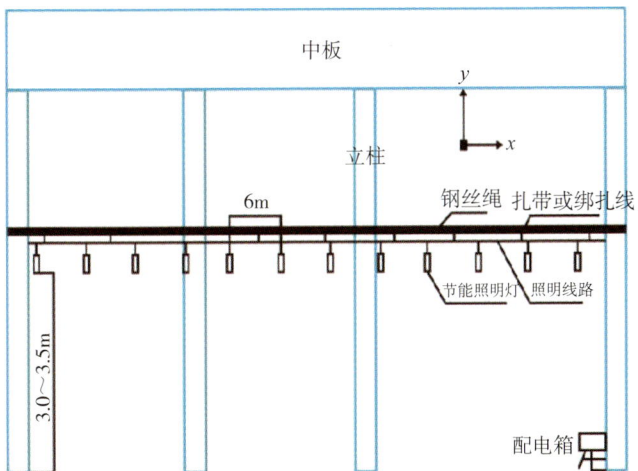

（1）

（2）

（3）

图3-24　车站安装线路敷设

（三）三级配电系统

（1）施工现场采用总配电箱、分配电箱、开关箱三级供电系统，应采用符合当地质安部门有关规定的电箱。

（2）配电箱、开关箱应装设在干燥、通风及常温场所，不得装设在对其有严重损伤作用的瓦斯、烟气、潮气及其他有害介质中，亦不得装设在易受外来固体撞击、强烈振动、液体浸溅及热源烘烤场所。

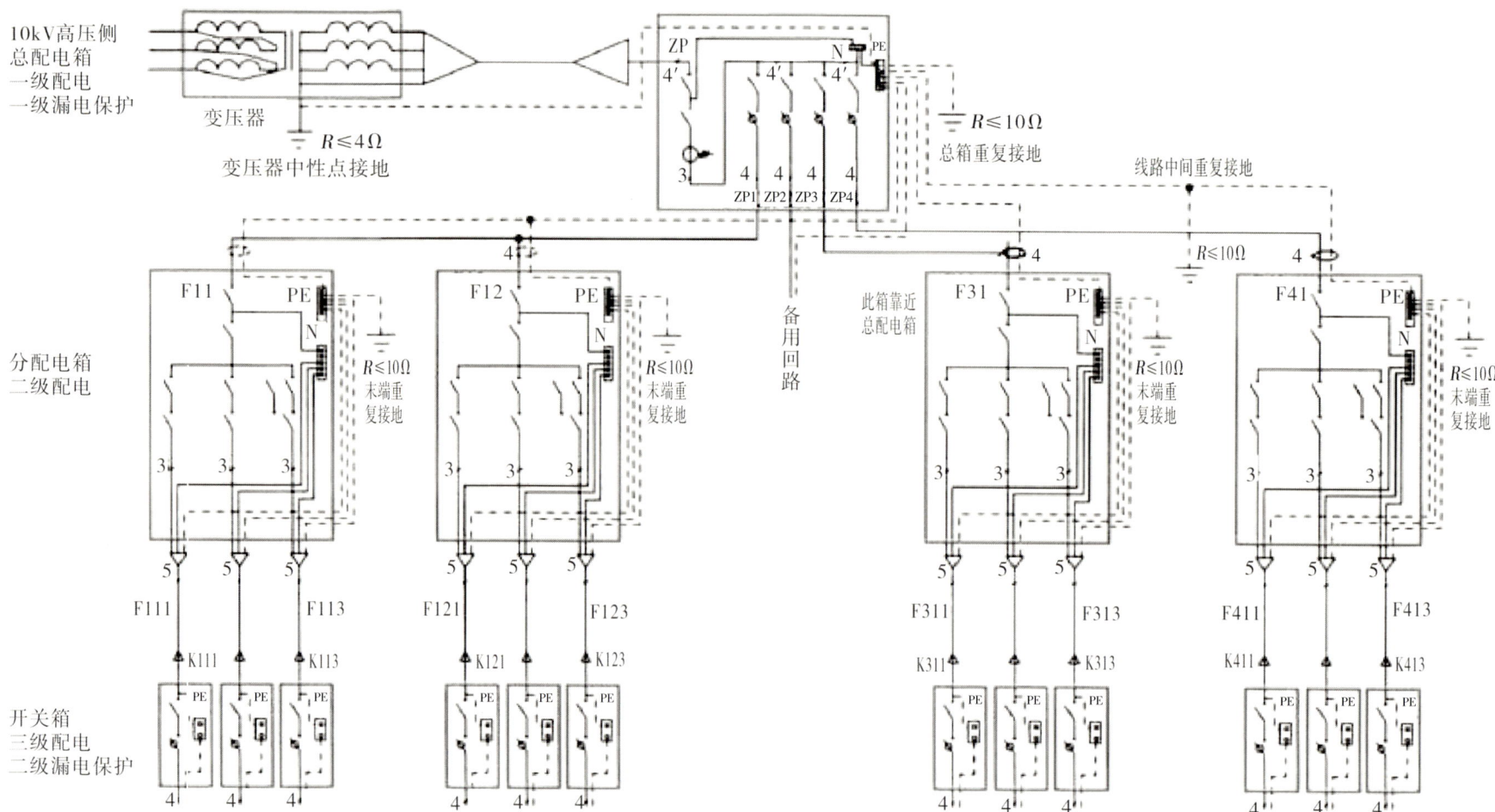

图 3-25　三级配电系统

（四）配电箱、开关箱、用电设备距离

（1）配电箱、开关箱周围应有足够两人同时工作的空间和通道，不得堆放任何妨碍操作、维修的物品，不得有灌木、杂草。

（2）配电箱、开关箱应装设端正、牢固。固定式配电箱、开关箱的中心点与地面的垂直距离应为1.4～1.6m。移动式配电箱、开关箱应装设在坚固、稳定的支架上，其中心点与地面的垂直距离宜为0.8～1.6m。

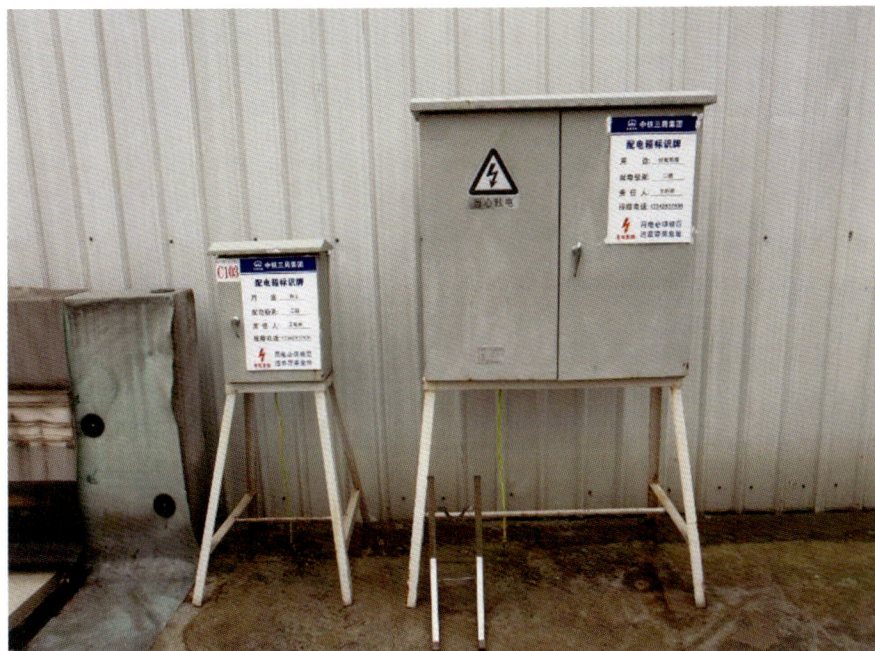

（1）

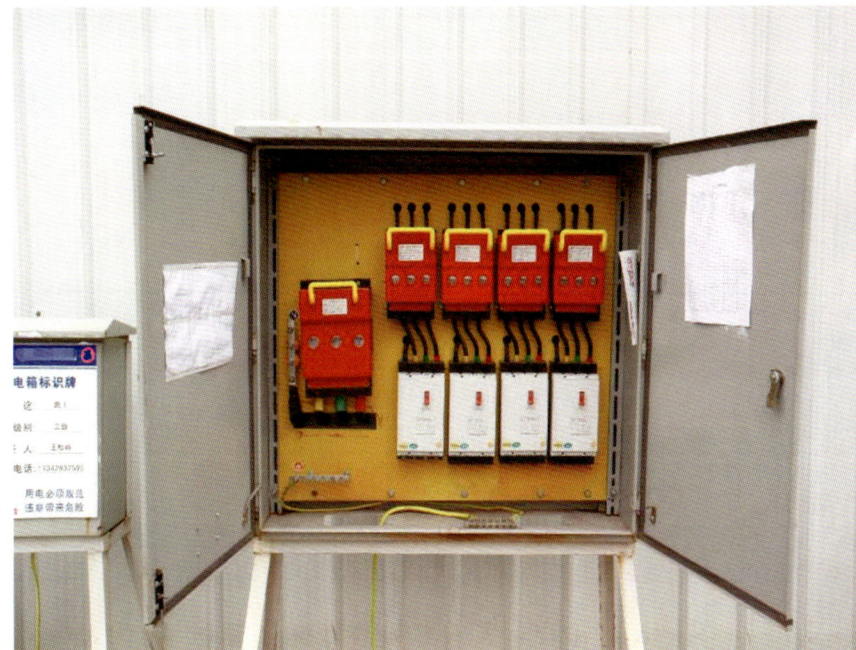

（2）

图3-26　配电箱、开关箱

（五）电箱防护棚

电箱防护棚全部由钢结构组成，分为上下两部分（平顶和支架）。外围尺寸：长1.5m、宽1m、高1.75m（含遮阳棚）。

（1）

（2）

图3-27　电箱防护棚

（六）开关箱、配电箱的箱体、底座及标识

配电箱、开关箱应有名称、用途、分路标记及系统接线图。配电箱、开关箱中导线的进线口和出线口应设在箱体的下底面。

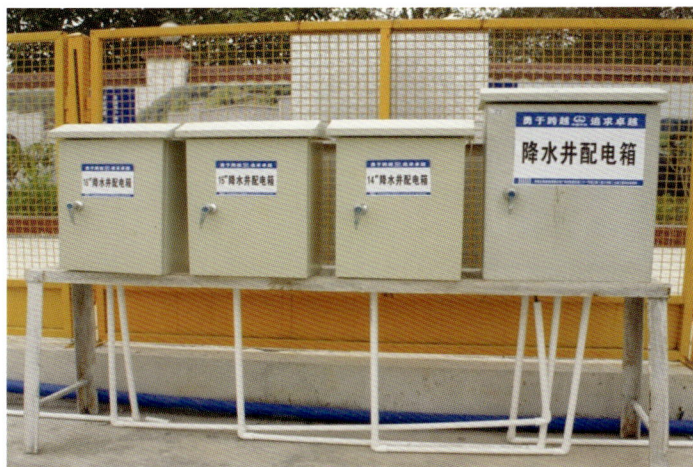

（1）

（3）

（2）

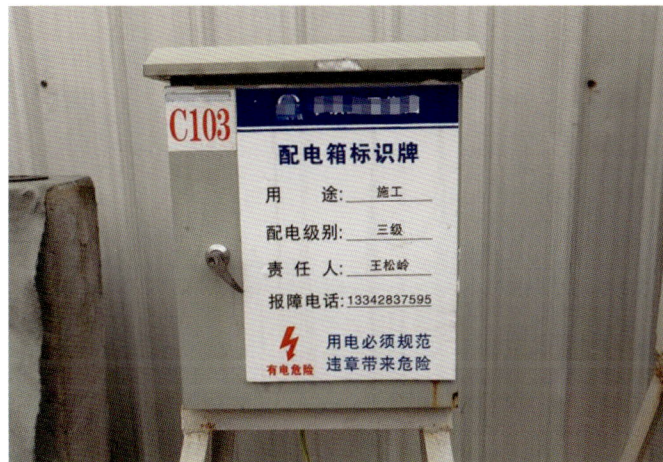

（4）

图3-28 开关箱与配电箱

（七）TN-S接零保护系统

在施工现场专用变压器的供电TN-S接零保护系统中，电气设备的金属外壳必须与保护零线连接。保护零线应由工作接地线、配电室（总配电箱）电源侧零线或总漏电保护器电源侧零线处引出。

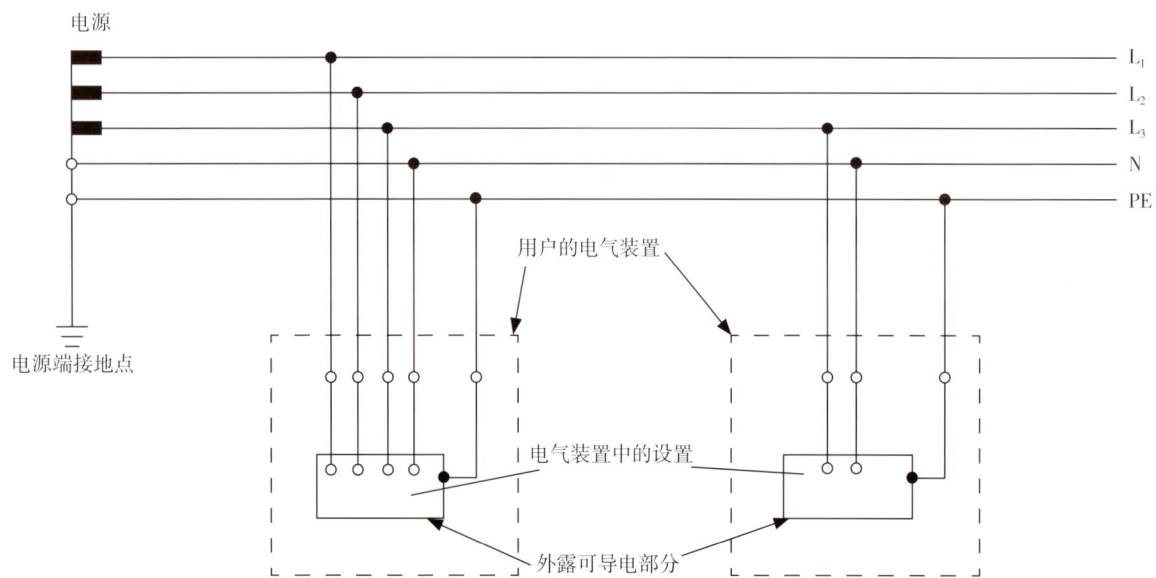

图3-29　TN-S接零保护系统

（八）施工区接地体

（1）垂直接地体的数量由现场情况决定，当接地电阻值不符合要求时须加设垂直接地体及水平接地体。连接部位须满焊并刷沥青漆防腐。

（2）接地体的位置应与人员通行道路保持一定的距离。

（3）与配电线或线路接地连接的部分必须在地面以上。接地螺栓焊接在接地极上供连接接地线之用，且应涂防锈油并做好防雨包裹。

（4）接地线的线径不得小于配电箱电源进线或线路上的保护零线的线径，不得采用铜线和铝线直接连接，外皮应采用黄绿相间色。

（5）尽量采用自然接地体。

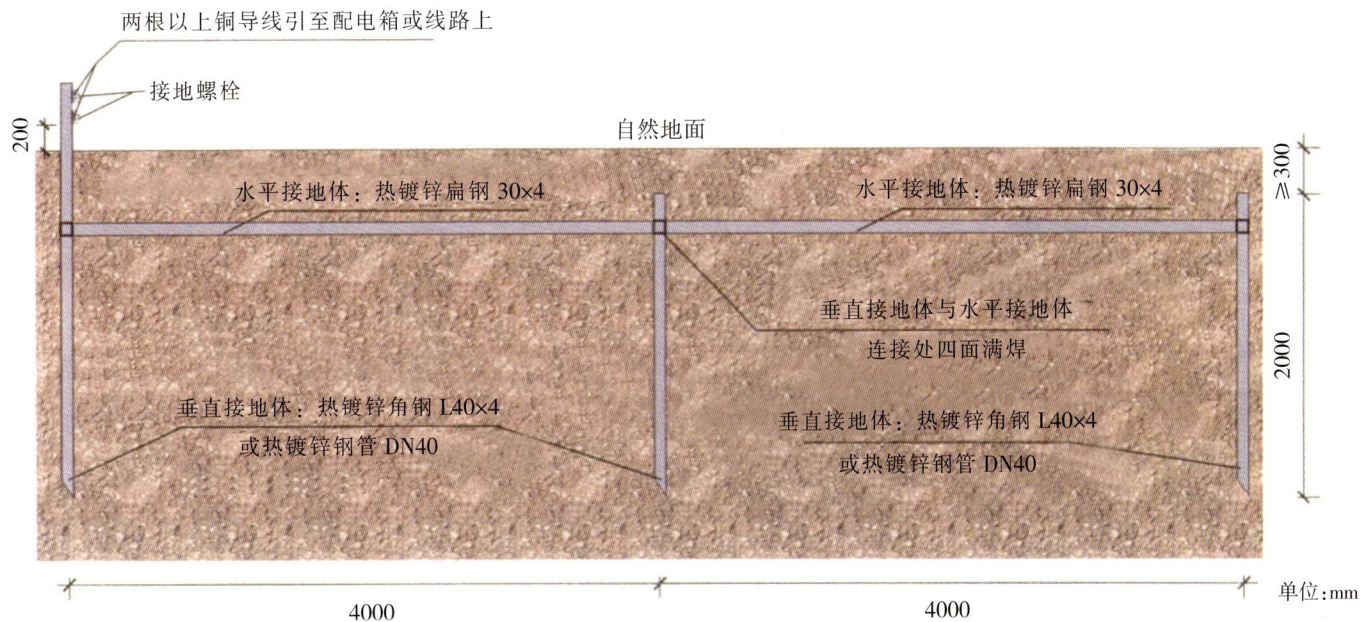

图3-30　施工区接地体

（九）电焊机二次降压保护器

电焊机应配备二次空载降压保护电箱，二次空载电压不超过24V，延时降压时间不超过1s。

图3-31　电焊机

（十）室外照明灯架

（1）室外照明灯架有固定式灯架和移动式灯架两种。

（2）固定式灯架适合施工现场的集中广式照明，可用钢管焊接而成，分层组装。

（3）泛光灯尽量安装在已建成的建筑物上或固定在外脚手架上，灯具金属外壳必须与保护接零连接。

（4）灯架采用钢管、脚手板、扣件及钢丝绳搭设，钢管刷红白漆，相间300mm。四条缆风绳之间的区域不得布置人员及车辆通道，缆风绳可改为钢管或采用钢管打入地下的方式固定，灯架还需挂设"禁止攀爬"安全警示标识。

（1）

（2）

图3-32 固定式灯架

（5）施工现场采用的移动式灯架由角钢焊接而成，便于移动。灯具外壳必须与保护接零连接。

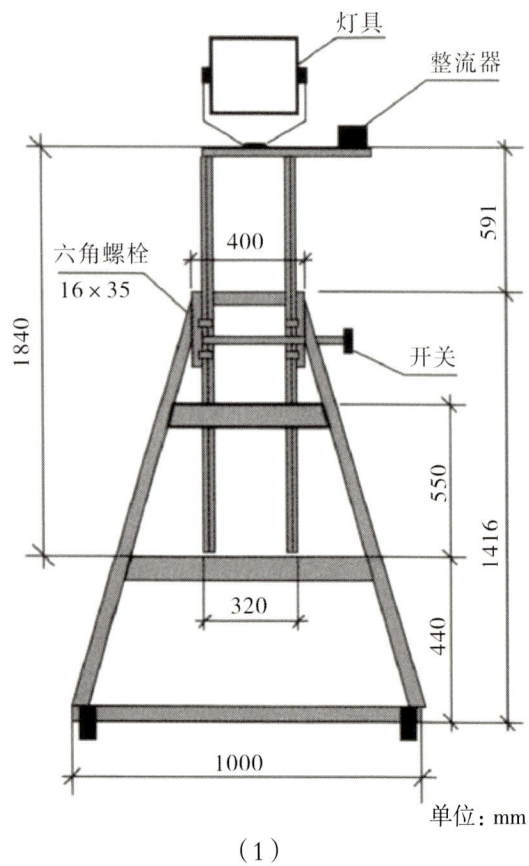

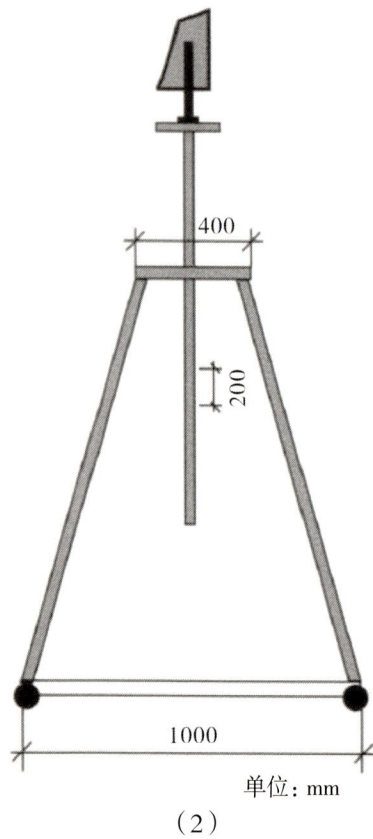

（1）　　　　　　　　　　　（2）　　　　　　　　　　　（3）

图3-33　移动式灯架

（十一）隧道照明及应急灯

照明电缆必须严格按照施工组织设计布置，一般在人行通道上方，特殊情况下可在人行通道另一侧。灯架的高度和间距必须按照施工组织设计布置，电源线布置平直，采用三相五线制，跳线连接照明灯具。隧道内应根据规范要求设置应急照明灯具，且照度达到人员疏散要求。

动力用电：每隔50m设置一个插座（轨道进场后用）。

图3-34　盾构隧道内照明电缆的布置

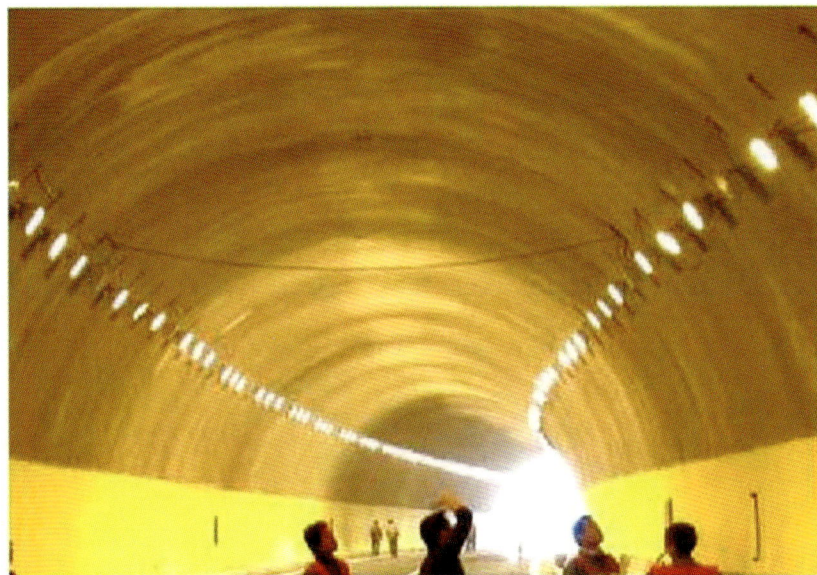

图3-35　暗挖隧道内的照明

十六、管线保护

（1）地下管线宜进行迁改保护，不能迁改的，应根据管线类型和特点，采取物理隔离或悬吊的方式对管线进行保护。

（2）地下管线在基坑开挖区域之外时，应进行交底并沿线进行标识和设置固定的安全警示牌。

（3）地下管线横穿基坑时，必须采取悬吊的方式对管线进行保护，并悬挂警示牌；悬吊结构根据跨度、管线种类及变形允许值进行设计验算。

（4）在悬吊保护的管线周边施工时，必须由专人进行旁站指挥，并定期对管线进行监测。

（5）现场存在外架线路的，必须在周边设置限高设施，并在周边张贴明显的警示标识。110KV及以上架空高压线路应加装红外摄像头进行适时监控。

（1）

（2）

图3-36 管线保护

（1）

（2）

图3-37 管线警示标识

（1）

（2）

图3-38 现场管线标识牌

（1）

（2）

图3-39　外架线路限高防护

图3-40　地下管线警示标识

十七、起重机械设备

（一）门式起重机

（1）在车站的围护结构导墙上（或冠梁顶）沿线路方向预埋门式起重机运行轨道；可采用满足承载力要求的预制梁、钢构梁、贝雷架作为轨道基础。轨道基础施工完成后必须验收合格方可使用。

（2）门式起重机运行轨道应经精确放线后固定位置，必须确保两条轨道的相互平行，间距满足实际跨距要求。

（3）门式起重机行程限位，大车行程限位安全压尺、缓冲器、端部止挡等安全装置应齐全有效。

（4）门式起重机行走区域应采用防护措施进行隔离防护。隔离设施与门式起重机的间距应不小于50cm。

（5）宜在门式起重机运行区域设置固定地锚，并随车设置电子夹轨器，保证在大风等恶劣天气时及时固定龙门吊。

（6）门式起重机行走区域应设置蜂鸣器。

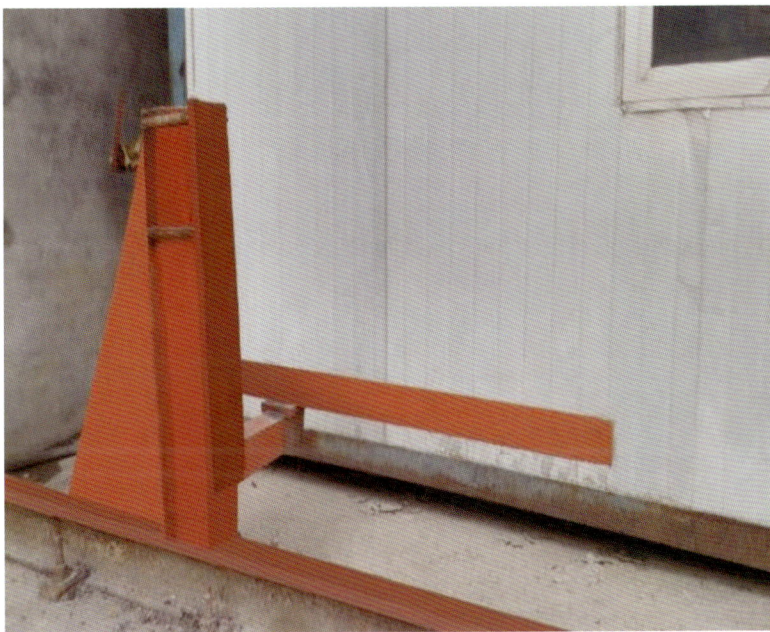

图3-41　大车行程限位安全压尺

图3-42　大车行走止挡

图3-43　缓冲装置

图3-44　铁鞋

图3-45　防台风设施

图3-46　蜂鸣器

（二）塔式起重机

（1）塔式起重机基础的设计应符合现行标准规范要求，并编制专项施工方案，基础施工完成并经验收合格后，方可安装塔式起重机。

（2）塔式起重机基础应设置排水设施，不得积水。

（3）塔式起重机的各类限制器、限位器、警示灯、风速仪等安全附件和保护装置必须齐全有效。

（4）塔式起重机尾部与既有建筑物、施工设施之间的安全距离应符合规范及方案要求，两台塔式起重机之间的垂直和水平距离应符合规范和方案要求。

（5）塔式起重机任何部位与外电线路之间的安全距离，应符合《施工现场临时用电安全技术规范》（JGJ46—2005）的有关要求。

（6）塔式起重机基础周边宜设置防护围栏，并悬挂警示标识。

（7）塔式起重机的平台、护栏、爬梯应规范设置。

（8）塔式起重机应做好接地、防雷措施，宜设置防台风设施，地锚安装牢固。

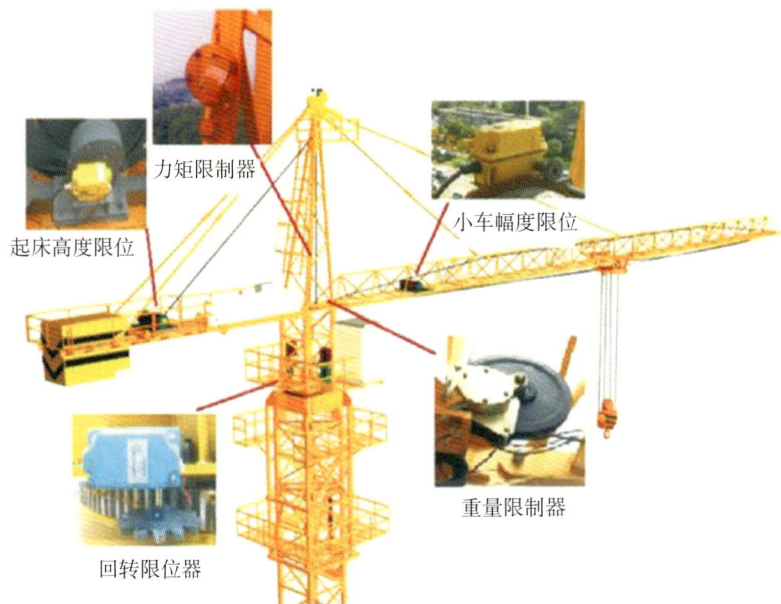

图3-47　塔吊安全装置

图3-48　塔吊周边隔离防护

图3-49 塔吊顶部平台防护

图3-50 塔吊上下爬梯

(1)

(2)

图3-51 塔式起重机抗台风设施

（三）汽车起重机

（1）汽车起重机进场前应进行验收，并经监理单位审核同意。

（2）汽车起重机的作业场地应坚实平坦，与沟渠基坑保持安全距离，并对地基承载力进行验算，必须满足吊装作业要求。

（3）汽车起重机必须严格按照安全操作规程操作，并在支腿下方垫设枕木。

（4）吊装区域应设置警戒牌，安排专人旁站监控。

图3-52 汽车起重机警戒旁站示意图

图3-53 汽车起重机吊装作业

（1）

（2）

图3-54 汽车起重机支腿枕木垫设

（四）履带式起重机

（1）履带式起重机严格按照方案安装完成后，经过验收及监理单位审核同意后方可使用。

（2）履带式起重机的作业场地必须坚实平坦，满足地基承载力要求。

（3）履带式起重机的变幅应缓慢平稳，在荷载达到额定荷载80%及以上时，严禁下降起重臂。在风力达到6级等恶劣天气必须停止作业。

（1）

（2）

图3-55　履带式起重机

十八、消防设施

（一）灭火器、灭火箱、消防栓

（1）要规划一个区域专门放置灭火器和灭火箱，要保持灭火器位于易拿易放的地方，要放置在人一眼就可以看到的地方，灭火器不可以被物品堵起来。配挂具应以方便拿取的高度为宜，一般在1.2m左右。

（2）灭火器的种类有很多，按移动方式可分为手提式和推车式；按驱动灭火剂的动力来源可分为储气瓶、储压式、化学反应式；按所充装的灭火剂则又可分为泡沫、干粉、卤代烷、二氧化碳、酸碱、清水等。

（3）灭火器适用于扑救一般B类火灾，如油制品、油脂等火灾，也可适用于A类火灾，但不能扑救B类火灾中的水溶性可燃、易燃液体的火灾，如醇、酯、醚、酮等物质火灾；也不能扑救带电设备及C类和D类火灾。

（4）（手提式）泡沫灭火器应放在干燥、阴凉、通风并取用方便之处，不可靠近高温或放在可能受到曝晒的地方，以防止碳酸分解而失效；冬季要采取防冻措施，以防止冻结；并应经常擦除灰尘、疏通喷嘴，使之保持通畅。

（1）

（2）

图3-56　灭火器、灭火箱

（二）消防器材架、消防沙池

（1）消防器材架采用角钢和镀锌薄钢板制作，刷红色面漆，角钢刷红丹防锈底漆。

（2）消防器材架配置消防桶、消防铲、消防斧和干粉火火器。设置于办公区、施工区和生活区入口处，靠墙放置并固定。

（3）消防沙池主要用于扑灭油类着火，设置在用油较多的设备或设施附近。一般为1m×0.5m×0.5m～2m×1m×1m。

图3-57　消防器材架

十九、隧道通风管路

1. 风机选型及部署

隧道内通风应满足各施工作业面需要的最大风量，风量应按每人每分钟供应新鲜空气 $3\,m^3$ 计算，风速为 $0.12\sim0.25\,m/s$。

通风机安装在洞外距洞口不小于 $30\,m$ 处，两风机间错距离不小于 $15\,m$，以免形成污风循环影响通风效果。不同外径的风机与风管连接时用过渡节过渡，过渡节长度以 $3\sim5\,m$ 为宜。通风机装有保险装置，当发生故障时能自动停机。风机布置场地保持干燥平整。

2. 通风管支护布置要求

通风管吊杆需使用角钢及钢拉杆固定，采用膨胀螺栓固定在稳定的基面。通风管须吊挂平直、拉紧吊稳、接头严密。避免出现皱褶，垂直交接处要避免死弯。风管末端到工作面的距离保持在 $10\sim15\,m$ 内，以确保通风效果。通风管接头应安装严密，以减少漏风损失，转弯半径不小于风管直径的 3 倍。在台车门架适当位置安装同直径刚性风筒连接，按施工要求设闸阀及三通接头备用。

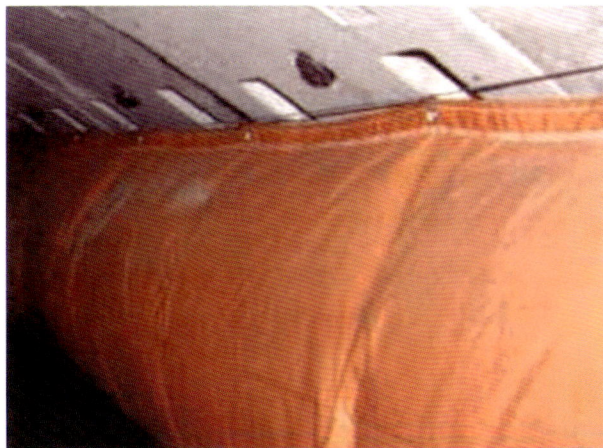
（1）

（2）

（3）

（4）

图 3-58　隧道通风管路

二十、机电安装出入口雨棚

（1）

（2）

图3-59　机电安装出入口雨棚

说明：

（1）出入口除正门外的三面侧墙立柱每隔3m采用10#槽钢与铜板焊接，然后固定安装在地面上起主要支撑作用。侧墙横向主框架和雨棚面均采用50mm×50mm×3mm的矩形管与槽钢立柱焊接；侧墙采用彩铜夹芯板围蔽，围蔽外粘贴广告画；雨棚面可用彩钢瓦，侧墙和雨棚面两种材料与框架的连接均可采用5mm×25mm的自攻自钻螺丝连接固定。为了方便排水，彩钢瓦屋面排水坡度可按大于10%考虑。

（2）出入口处设置一台闸机和平安卡打卡机。

第四章　信息系统建设

一、视频监控系统

说明：

　　视频监控系统原则上要求能监控到土建工程、车辆段工程、车站装修和设备安装工程、轨道工程等施工过程中所有工序、部位的全部施工信息；相关技术要求参照《广州市轨道交通工程视频监控系统和门禁系统建设与运用管理办法》。

（1）

（2）

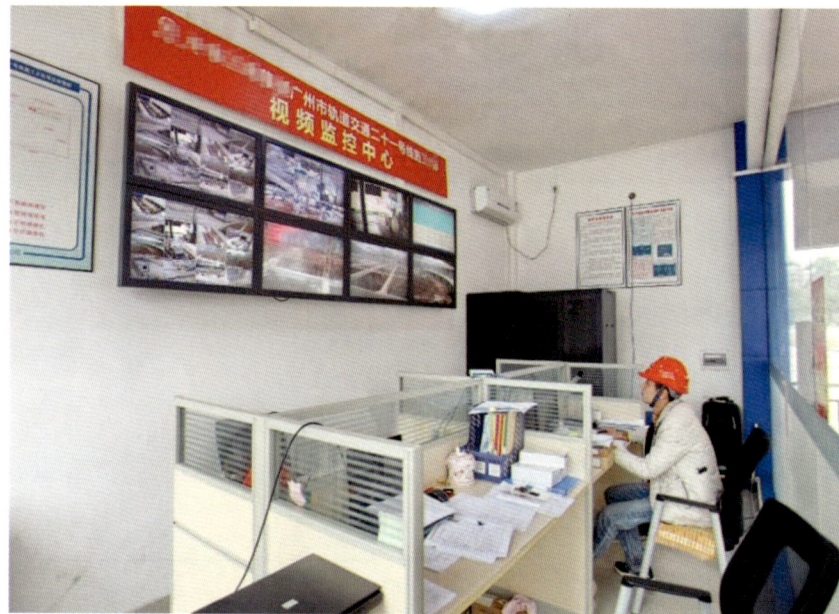

（3）

图 4-1　视频监控系统

二、门禁系统

（1）

（2）

图4-2　门禁系统

说明：

　　施工作业区的所有出入口均要设置门禁系统，所有进出施工作业区的人员均应刷卡进入；纳入建设单位门禁系统管理范畴。值班安全员应能熟练使用语音对讲设备，及时响应监控中心呼叫。相关技术要求参照《广州市轨道交通工程视频监控系统和门禁系统建设与运用管理办法》。

三、隧道人员定位系统

（1）

（2）

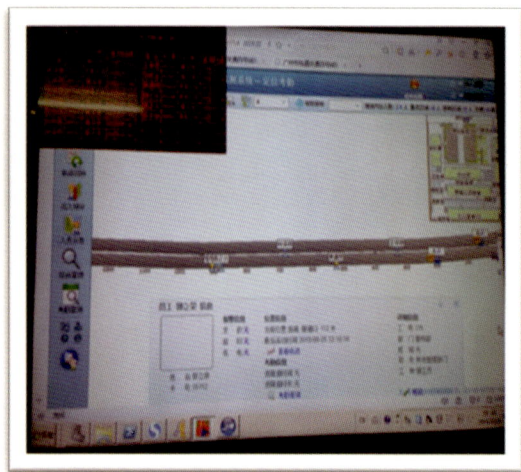

（3）

图4-3 人员定位系统

说明：

（1）鼓励在隧道内安装人员定位系统，对隧道内的人员定位信息进行采集、监测和识别，自动统计所有人员进出和定位的详细情况。

（2）人员定位系统主要由人员定位识别卡（自带门禁卡功能）、远距离读卡基站、数据转换器、网络连接和监控主机组成。

第五章　安全体验馆

说明：

（1）新线建设每个工区应根据场地情况在办公区或施工区设置安全体验馆。

（2）安全体验馆应包含安全帽撞击、洞口坠落、触电、安全带使用、钢丝绳使用、劳保用品展示、消防、安全讲评台等模块。

（3）应组织每一位新进场的工人到安全体验馆进行安全教育。

图5-1　安全体验馆

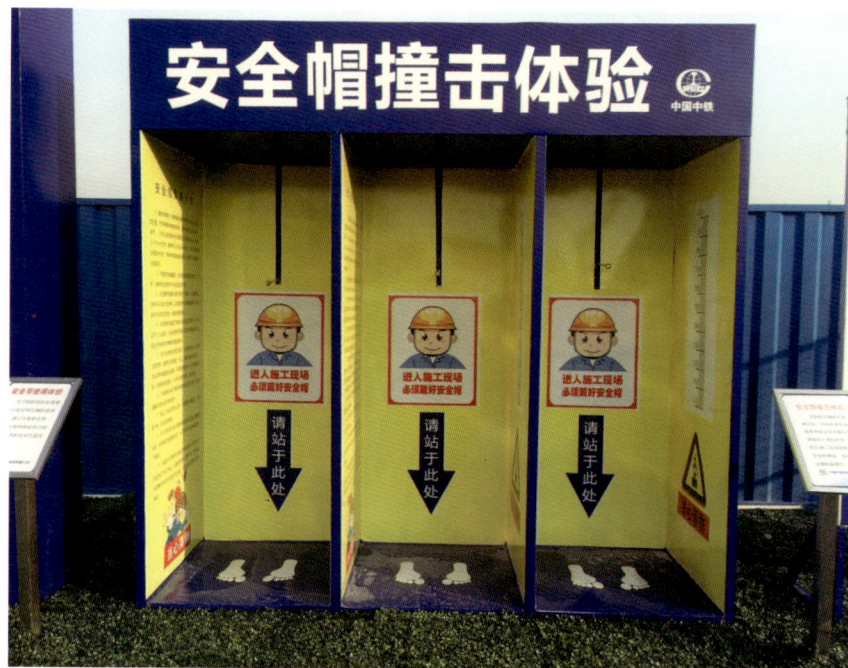

图5-2　安全帽撞击体验

图5-3　洞口坠落体验

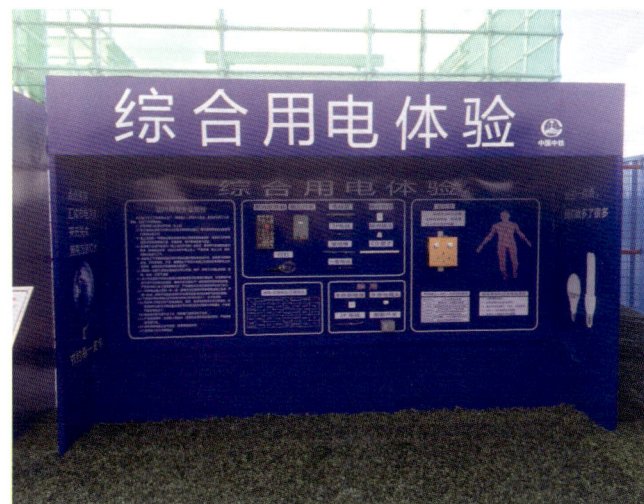

图5-4　综合用电体验

图5-5　安全带使用体验

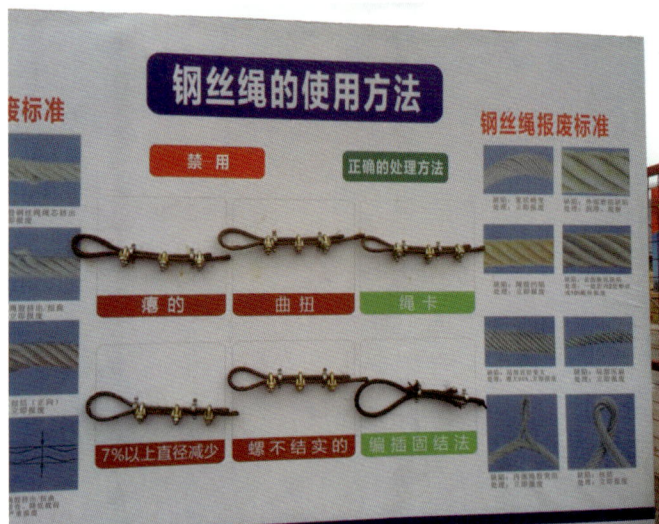

图5-6　钢丝绳的使用方法

图5-7　劳保用品展示

图5-8　灭火器演示体验

图5-9　安全讲评台